Liebe Leserinnen und Leser,

die Vergewisserung darüber, was Interkulturelle Theologie sei und ob und wenn ja, wie sie sich von Missionswissenschaft/Ökumenewissenschaft und Religionswissenschaft unterscheide, bricht nicht ab und bringt immer wieder neue Facetten hervor. Dies hat auch ein Forschungskolloquium unter dem Thema »Methoden interkultureller Theologie« gezeigt, das auf Initiative von Franz Gmainer-Pranzl und in Kooperation mit Ulrich Dehn vom 10. bis 12. Dezember 2015 in Frankfurt/Main am Institut für Weltkirche und Mission stattfand und von erfreulicher katholisch-evangelischer Ökumenizität geprägt war. Grundsatzüberlegungen, Fallstudien, Perspektivenwechsel und -erweiterungen prägten den Austausch der Tagung. Noch immer steht die Notwendigkeit von Klärungen im Raum, die aber wohl gerade die Dynamik eines Fachs ausmachen, was wie kein anderes die Vielheit der Kontexte und den internationalen Horizont als Bestandteil seines Programms pflegt. Bis heute ist nicht aufgearbeitet, dass nach der englischen Veröffentlichung des einschlägigen Textes der Deutschen Gesellschaft für Missionswissenschaft und der (damals noch so genannten) Fachgruppe Missionswissenschaft und Religionswissenschaft der Wissenschaftlichen Gesellschaft für Theologie (2005) in der Zeitschrift *Mission Studies* (Heft 1/2008) die internationalen Reaktionen auf die neue Namensgebung und das damit verbundene Konzept überwiegend skeptisch ausfielen. Unterschiedliche Verständnisse (neuer Name für Missionswissenschaft, Nähe zur Religionswissenschaft etc.) stehen auch in Deutschland im Raum. Die Frage nach der Vermittlung und Gewichtung von deskriptiven und theologisch-normativen Aspekten wird unterschiedlich beantwortet, ebenso wie sich u.a. zwischen den Konfessionen die Verarbeitung kulturtheoretischer, religionsphilosophischer oder religionstheologischer Entwürfe unterschiedlich gestaltet. Vieles davon bildet sich in den Beiträgen dieses Heftes ab, die zumeist als Vorträge auf der Tagung gehalten wurden. Der Aufsatz von Franz Gmainer-Pranzl wurde nachträglich geschrieben. Gut in den Duktus des Nachdenkens über das Fach der Interkulturellen Theologie insgesamt fügt sich der Vortragstext von Klaus Hock (gehalten auf der Gedenkfeier für den verstorbenen Kollegen Theodor Ahrens am 23. 5. 2016) ein, der jedoch nicht den Charakter eines wissenschaftlichen Aufsatzes hat und deshalb direkt im Anschluss an den Aufsatzteil in der Rubrik »Berichte und Dokumentationen« zu stehen kommt. Dieses Heft versteht sich als ein weiteres Signal dessen, dass hier ein wichtiges Fach und Thema der Theologie in Bewegung bleibt und mehr denn je Kooperation und Anschluss zu zahlreichen anderen innertheologischen und außertheologischen Fachgebieten sucht und gestaltet. Dies hat nichts mit Orientierungsarmut zu tun, sondern mit den kreativen Möglichkeiten, die eine die Weltweite und ihre diversen Kontexte zum Programm machende theologische Disziplin aus sich heraus entfaltet.

Die Teilnahme einiger Studierender am Forschungskolloquium wurde ermöglicht durch eine finanzielle Unterstützung von Frau Elisabeth Darlap (Innsbruck), Witwe von Adolf Darlap (1924–2007), 1956–1958 und 1961–1965 wissenschaftlicher Mitarbeiter von Karl Rahner und einer der ersten (katholischen) Theologen, der für die Ausarbeitung einer eigenständigen Religionstheologie eintrat und in seinem Beitrag »Fundamentale Theologie der Heilsgeschichte« (in: Mysterium salutis 1, 3–156) auch Grundlagen dafür erarbeitete. Für diese Unterstützung sei an dieser Stelle herzlich gedankt.

Nun wünsche ich Ihnen wie immer im Namen der Redaktion aus Basel, Neuendettelsau, Rostock und Hamburg eine gewinnbringende Lektüre des Heftes und grüße Sie herzlich!

Ulrich Dehn

Sabbat – heilsame Unterbrechung in einer rastlosen Gesellschaft

Tilman Jeremias

Längst ist die Überhitzung des Tempos in unserer Mediengesellschaft zu einem ernsthaften gesundheitlichen Problem geworden. Die virtuelle Community scheint uns ein pausenloses Dasein zu verordnen. Ich muss mich ständig updaten, um auf der Höhe des Geschehens zu sein. Der Konsum im Netz zielt auf den 24-Stunden-Tag.

Warum fällt es immer mehr Menschen schwer, zur Ruhe zu kommen, durchzuatmen, zu entspannen? Der katholische Sozialethiker Friedhelm Hengsbach vermutet, dass die Zeitintervalle, in denen der globale netzbasierte Devisenhandel abläuft, unseren Alltag gewissermaßen in Sekundenbruchteile zerstückelt.

Zudem verschwinden schleichend Feierabend und Urlaub. Mit Smartphone und Tablet ist das Büro dauernd am Leib. Der vorbildliche Arbeitnehmer ist wie eine Hotline 365 Tage im Jahr erreichbar, rund um die Uhr.

Für das Burnout als Containerbegriff der körperlichen und geistigen Überforderung spielt es keine Rolle, ob der Druck von außen kommt, den Anforderungen des Chefs, oder ob die Erwartungen der medialen Leistungsgesellschaft zum überhitzten inneren Motor geworden sind. Sichtlich werden wir krank, wenn wir uns nicht unterbrechen lassen.

Die Bibel stellt uns dafür ein breit bezeugtes Heilmittel zur Verfügung, das die Christenheit in ihrer Geschichte allermeist missachtet oder umgedeutet hat: den Sabbat. Der Sabbat ist göttliche Zeitordnung. Nach sechs Tagen sollst du ruhen, nicht etwa, weil die Arbeit jetzt vielleicht bewältigt ist, sondern weil der Sabbat des Herrn angebrochen ist.

Diese göttliche Zeitordnung ist in der Schöpfung verankert. An sechs Tagen erschafft Gott die Welt. Doch die Schöpfung findet ihre Vollendung, ihre Krönung erst am siebenten Tag. Ihn heiligt und segnet Gott. Im Ruhen entlässt Gott seine Schöpfung in die Selbständigkeit. Und nur, indem die Geschöpfe ihrerseits ruhen, imitieren sie ihren Schöpfer.

Das Schöpfungswerk ist nach dem ersten Schöpfungsbericht im Wesentlichen ein göttliches Ordnen der Zeit. Sonne und Mond markieren Tag und Nacht. Die planetarischen Bewegungen sorgen für den Wechsel der Jahreszeiten und den Mondzyklus. Doch jenseits der kreatürlichen Rhythmen Tag, Monat und Jahr gibt es eine göttliche Setzung. Die Sieben-Tages-Woche ist allein begründet in der Sabbatruhe Gottes am siebenten Tag. Und sie erweist seit Jahrhunderten eine kaum hinterfragte globale Stabilität. Wie kläglich scheiterten Versuche der französischen und russischen Revolution, Zehntages-Wochen zu etablieren!

Der am sechsten Schöpfungstag erschaffene Mensch beginnt seine irdische Existenz an einem Sabbat. Bevor er arbeiten soll, darf er ruhen. Der Zuspruch geht dem Anspruch voraus, das Evangelium dem Gesetz. Damit ist der Mensch entlastet davon, alles mit seiner Hände Werk erreichen zu müssen. Das Wesentliche bekommt er geschenkt. Der Sabbat erinnert ihn an seine Herkunft und an die Grenzen seiner Möglichkeiten.

Doch der Sabbat ist nicht nur in der Schöpfung verankert. Er ist Kern der göttlichen Offenbarungen am Sinai und des Dekalogs. Das Sabbatgebot ist das zentrale und ausführlichste der Zehn Worte und das Gebot, das am breitesten in der übrigen Bibel bezeugt ist. Nur dieses Gebot erfährt in den beiden Dekalogvarianten Ex 20 und Dtn 5 zwei verschiedene Begründungen: Während Ex 20 auf die Schöpfung verweist, erinnert die ältere Fassung in Dtn 5 an den Exodus: Israel hat in Ägypten selbst erlebt, was Sklaverei bedeutet; daher gilt das Sabbatgebot nicht nur für die Freien. Es umfasst die Sklaven und sogar das Vieh. Damit erhält der Sabbat eine für die Antike geradezu revolutionäre soziale Funktion: Er hebt die sozialen Unterschiede der Arbeitswoche für einen Tag auf.

Diese soziale Sprengkraft zeigen die weiteren sabbatlichen Instrumente der Hebräischen Bibel. Alle sieben Jahre liegt der Acker brach, um sich zu regenerieren, aber auch, damit die Armen von seinen Erträgen leben. Die Sklaven sind im Sabbatjahr zu entlassen – ihre Leibeigenschaft ist zeitlich befristet. Und im Jobeljahr, alle fünfzig Jahre, wird sämtliche Schuld erlassen, aller Boden geht an den ursprünglichen Eigentümer zurück. Das Land gehört nicht dem Menschen, sondern Gott. Und alle durch Schuldenkumulation entstandenen Ungerechtigkeiten sind im großen Erlassjahr auszugleichen.

Sabbat halten bedeutet also nicht nur Imitation des Schöpfers, sondern heißt im biblischen Sinn umfassende Sozialordnung, die insbesondere durch Schuldenerlasse den Armen Neuanfang ermöglicht.

In den Zeiten des babylonischen Exils, als der Tempelkult so plötzlich unmöglich wird, ist es neben der Erinnerung an die prophetischen Gerichtsandrohungen und der Beschneidung vor allem die Einhaltung des Sabbats, die den Israeliten ihre religiöse Identität bewahrt, anders als bei sämtlichen anderen altorientalischen Religionen, die mit dem staatlichen Zerfall ebenfalls verschwinden. Und jetzt, in der exilischen Zeit, wird aus dem siebenten Tag neben dem Tag der Arbeitsruhe auch der Tag des Gotteslobs. Durch sämtliche Jahrhunderte hat der Sabbat diese identitätswahrende Funktion für das Judentum bewahrt, gerade in Zeiten der Bedrängung und Verfolgung.

Der Jude Jesus hat den Sabbat geachtet und gehalten. Er hat sich allerdings vehement gegen eine gesetzliche Kasuistik gewandt, die aus dem Gottesgeschenk Sabbat einen durch zahlreiche Verbote eingeengten Zwang macht. Jesus hebt die ursprüngliche Lebensdienlichkeit des Sabbats hervor, indem er besonders oft am Sabbat heilt. Der Sabbat ist da, um an Leib und Seele heil zu werden!

Für die junge Kirche ist der Sonntag als der Tag der Auferstehung bald der Zeitpunkt für die gemeinsamen Mahlfeiern. Bis zur Sonntagsgesetzgebung des Kaisers Konstantin bleibt der Sabbat allerdings Ruhetag. Er wird auch zum Teil noch gottesdienstlich begangen, ja erfährt im 4. Jahrhundert als »Schwester« des Sonntags eine kurze neue Konjunktur, ausgehend von ägyptischen Klostergemeinschaften. Gleichzeitig begegnet jedoch bei den meisten Kirchenvätern eine antijüdische Sabbatpolemik.

Und dieser christliche Antijudaismus ist es wohl, der Kirche und Theologie dazu verleitet, das Sabbatgebot als einziges des Dekalogs nicht wörtlich zu nehmen, sondern spiritualisierend auszulegen: Dem dritten bzw. vierten Gebot entspricht der Christ, indem er gewissermaßen täglich Sabbat hält, den Sünden abschwört und sein Leben Gott anheimgibt.

Während Martin Luther in seiner Frühzeit in diesem Sinn den Sabbat noch hochhält als die wahre gläubige Herzensruhe, bleibt aus seiner Feder wirkmächtig, was er im Großen Katechismus schreibt: Demnach sind alle Tage gleich; der Sonntag als Gottesdiensttag ist lediglich Konvention. Alle Aufforderung, den Sabbat zu begehen, ist rein jüdisches Zeremonialgesetz und für den Christen obsolet.

Es bleiben nur christliche Randgruppen, die das anders sehen, im 16. Jahrhundert in Mähren und in Siebenbürgen, bis heute bei den Siebten-Tages Adventisten und Siebenten-Tages-Baptisten.

Sicher stand der jüdische Sabbat oft in Gefahr, seinen Kern in gesetzlicher Kasuistik zu verlieren. Die endlosen rabbinischen Debatten, was nun am Sabbat erlaubt und verboten ist, mögen uns befremdlich anmuten. Aber einerseits verlieren wir Christinnen und Christen nur allzu leicht aus den Augen, was es bedeutete, besonders in Zeiten der existenziellen Bedrohung, einen »Zaun« um den Sabbat zu bauen, um ihn zu schützen. Und wir scheinen systematisch zu übersehen, dass der Sabbat in der Bibel wie im Judentum allererst den Charakter eines Gottesgeschenkes hat, pures Evangelium, Oase für den überarbeiteten Menschen, heilsame Unterbrechung der verzweckten Zeit.

Es ist in vielfacher Hinsicht geboten, im Blick auf den Sabbat christlich- theologischen Neuanfang zu wagen. Sicher haben wir Menschen der Nordhalbkugel das Einüben einer neuen sabbatlichen Mußekultur nötiger als die Bewohner*innen Afrikas, von deren Lebensweise wir manche Grundidee des Sabbats lernen können. Wir werden auf Dauer den Sonntag als Kulturgut nicht bewahren können, wenn wir ihn lediglich als Gottesdiensttag hochhalten. Diese einlinige Argumentation braucht sabbattheologische Unterfütterung!

Vor allem aber könnte eine christliche Neuentdeckung des Sabbats dazu führen, der Überschätzung der Arbeit als Lebenssinn entgegen zu wirken, am in christlicher Freiheit begangenen Sabbat Atem zu holen für die Seele, der rasenden Beschleunigung der Mediengesellschaft die sabbatliche Ruhe zu kontrastieren. Ein bewusst sabbatlich begangener Sonntag würde auch der Schöpfungsvergessenheit unserer Kirche entgegenwirken, gibt es doch ohne den Sabbat keinen einzigen christlichen Festtag im Kirchenjahr, der allein dem Lob der Schöpfung gewidmet ist. Nicht umsonst müht sich die ACK, den 1. September als orthodoxen Schöpfungstag ökumenisch zu installieren.

Die empfangende, dankbare Haltung des am Sabbat Ruhenden und Lobenden ist schließlich die beste innere Vorbereitung auf den Weltensabbat, an dem menschliche Hetze, Gewalt und Krieg, Ungerechtigkeit und Ausbeutung in Gottes Ruhe an ihr Ende kommen.

Theologische Zeitgenossenschaft

Eine methodologische Skizze[1]

Ansgar Kreutzer

Einleitung: Aktuelle Relevanz und wissenschaftstheoretische Bedeutung der theologischen Methodologie

Aktuelle Relevanz

»Hier [in der Moderne] entstehen … der Zwang und der Selbstzwang, sich über sich und andere in allen möglichen und unmöglichen Hinsichten Rechenschaft abzulegen. Das reflexive Ich ist der *Detektiv seiner selbst*, der, so muß man genauer sagen: ewige Detektiv, der nicht aufhören kann, über sich zu ermitteln und zu berichten.«[2] In seiner Religionssoziologie mit dem bezeichnenden Titel »Der eigene Gott« diagnostizierte der bekannte Soziologe U. Beck eine für unsere Zeit und Gesellschaft typische Art »detektivischer Mentalität«. Sie stellt ein Indiz dafür dar, dass methodologische Selbstreflexionen durchaus »an der Zeit« sind. Interessant an Becks religionssoziologischem Befund ist seine spezifische Kombination dreier Zeitdiagnosen, in die seine Wahrnehmung einer »detektivischen Mentalität« eingebunden ist:

In »Der eigene Gott« greift Beck zunächst eines der Hauptthemen seiner Soziologie auf: Die für die gegenwärtige Gesellschaft charakteristische Individuali-

---

[1] Der Aufsatz stellt die verschriftlichte und überarbeitete Fassung des Referats dar, das am 10.12.2015 beim Forschungskolloquium »Methoden interkultureller Theologie« an der Philosophisch-Theologischen Hochschule St. Georgen in Frankfurt a. M. gehalten wurde.
[2] Ulrich Beck, Der eigene Gott. Friedensfähigkeit und Gewaltpotential der Religionen, Frankfurt a. M./ Leipzig 2008, hier: 29.

sierung. Wie Beck seit seinem soziologischen Klassiker, der »Risikogesellschaft«[3], immer wieder herausgearbeitet hat, sind unsere Gesellschaften tendenziell durch die Herauslösung der Einzelnen aus angestammten und determinierenden sozialen Bindungen gekennzeichnet, die freilich keine Bindungslosigkeit, sondern neue – stärker individualisierte – Sozialformen hervorbringt.[4] Zum Zweiten wendet Beck diese Individualisierungstheorie auf den Bereich der Religion an.[5] »Das Individuum entscheidet über seinen Glauben, nicht mehr nur oder primär die Herkunft und/oder die religiöse Organisation.«[6] Für unseren Kontext, in dem wir nach der Aktualität methodologischer Selbstreflexion in der Theologie fragen, ist schließlich Becks dritte Beobachtung, die den vorhergehenden Diagnosen folgt, von besonderem Interesse: Die Herauslösung der Individuen aus determinierenden Traditionen, sozialen Bindungen und Institutionen spielt den Einzelnen eine erhebliche Autorität zu, über den eigenen Lebenslauf und die sie leitenden Werte, Weltanschauungen und Glaubensüberzeugungen *selbst* zu richten und zu entscheiden. Insofern bringen Prozesse der Individualisierung, die in besonderer Weise auch die Religiosität betreffen, strukturnotwendig eine Art selbstreflexiver Mentalität in Lebens- und in Glaubensfragen mit sich: »Im europäischen Kontext der individualisierten Moderne gibt es keinen religiösen Glauben mehr, der nicht durch das Nadelöhr der Reflexivität des eigenen Lebens, der eigenen Erfahrung und Selbstvergewisserung hindurchgegangen ist (Ausnahmen bestätigen die Regel).«[7] Folgt man Becks instruktiver Diagnose eines Zusammen-

[3] Ders., Risikogesellschaft. Auf dem Weg in eine andere Moderne, Frankfurt a. M. 2015[22]. Vgl. z. B. auch Ders. (Hg.), Kinder der Freiheit, Frankfurt a. M. 1997[3].

[4] Beck spricht von Individualisierung als »*Herauslösung* aus historisch vorgegebenen Sozialformen und -bindungen im Sinne traditionaler Herrschafts- und Versorgungszusammenhänge«, dem »*Verlust von traditionalen Sicherheiten* im Hinblick auf Handlungswissen, Glauben und leitende Normen«, aber zugleich auch von einer »*neue[n] Art der sozialen Einbindung*« (Ders., Risikogesellschaft, 206).

[5] Beck diagnostiziert die »Herausbildung und massive Verbreitung einer Religiosität, die zunehmend auf Individualisierung verweist« (Ders., Gott, 46). Dabei gehen Individualisierung und die »Kosmopolitisierung der Religionen« (a. a. O. 45) ein Junktim ein, da »die gleichzeitige Gegenwart und Verfügbarkeit aller (Welt-)Religionen« (a. a. O.) ein Reservoir bietet, aus dem die individuelle religiöse Überzeugung selbst zusammengestellt werden kann. Zur religiösen Individualisierung vgl. auch den instruktiven Überblick von Karl Gabriel, Religiöse Individualisierung und Authentizität, in: Ansgar Kreutzer/Christoph Niemand (Hg.), Authentizität – Modewort, Leitbild, Konzept. Theologische und humanwissenschaftliche Erkundungen zu einer schillernden Kategorie, Regensburg 2016, 117–132.

[6] Beck, Gott, 31.

[7] A. a. O. 30f. Im Hintergrund von Becks Überlegungen zur Selbstreflexivität steht seine Theorie einer »reflexiven Modernisierung«, worunter er eine (zweite) Modernisierung bereits modernisierter Gesellschaften versteht. »Reflexiv«, im Sinne von »selbstbezüglich«, wird Modernisierung hier als »Bearbeitung der Folgeprobleme der gesellschaftlichen Modernisierung« (Habermas, zit. nach a. a. O. 92), z. B. der ökologischen Folgen von Technisierung, verstanden. Vgl. auch Ulrich Beck u. a., Reflexive Modernisierung. Eine Kontroverse, Frankfurt a. M. 1996.

hangs von genereller Individualisierung, deren Auswirkungen auf Religion und der damit verbundenen Ausbildung einer selbstreflexiven (»detektivischen«) Mentalität nicht zuletzt in Glaubensfragen, legt es sich nahe, das wissenschaftstheoretische Themenfeld der selbstreflexiven Methodologie auf die Agenda einer zeitsensiblen Theologie zu setzen.[8] Methodologie gehört zugleich zum wissenschaftstheoretischen Standard, dem sich die Theologie verpflichtet weiß.

Wissenschaftstheoretische Bedeutung

Auch die theologische Methodologie weist die von Beck festgehaltene selbstreflexive Mentalität auf: Methodologie lässt sich generell als selbstreferentielles und metatheoretisches Unterfangen begreifen, als wissenschaftliche (Selbst-)Reflexion der wissenschaftlichen Reflexion. Die wissenschaftstheoretische Bedeutung der theologischen Methodologie liegt u. a. in vier Funktionen:

Eine Reflexion der angewandten Reflexionsmethoden kontrolliert *erstens* den wissenschaftlichen Erkenntnisprozess, sichert so »die Folgerichtigkeit und die Kohärenz der einzelnen Verfahren«[9]. Diese Nachvollziehbarkeit von Denkwegen macht die gewonnenen Kenntnisse *zweitens* auch von anderen überprüf- und damit verallgemeinerbar, verschafft ihnen also Geltung im wissenschaftlichen Diskurs und der Scientific Community: »[Die] Methodenreflexion soll die Zuversicht begründen, dass man sich auf den vom Autor eingeschlagenen Weg der Erkenntnisgewinnung verlassen kann.«[10] Mit dieser »kollektiven« oder »kollektivierenden« Funktion methodologischer Selbstreflexion hängt ein *drittes* Kennzeichen zusammen: Die Methodologie, das Nachdenken über das Nachdenken,

---

[8] Vor diesem Hintergrund überrascht es nicht, dass in jüngerer Zeit von zwei prominenten katholischen Systematischen Theologen, Hans-Joachim Höhn und Jürgen Werbick, jeweils umfangreiche theologische Methodologien vorgelegt wurden: Hans-Joachim Höhn, Praxis des Evangeliums. Partituren des Glaubens. Wege theologischer Erkenntnis, Würzburg 2015; Jürgen Werbick, Theologische Methodenlehre, Freiburg 2015. Gleich zu Beginn seines Buches verweist Werbick auf die methodologische Lücke im theologischen Diskurs: »Die Leser(innen) werden in eine Frage verwickelt, die im theologischen Betrieb selten ausdrücklich vorkommt und auch in Publikationen kaum zum Thema wird.« (a. a. O. 9) Zugleich nennt Werbick in der anschließenden Fußnote auch Ausnahmen. Obwohl ich mich hier mit Bezug zum II. Vatikanischen Konzil auf die katholische Variante einer Theologie der Zeichen der Zeit konzentriere, ließe sich m. E. Ähnliches, mit anderen Referenzpunkten, in ökumenischer Weise auch in der evangelischen Theologie und Methodologie herausarbeiten. Vgl. etwa als ersten Einstig den instruktiven Artikel von Christian Berg, Methodologie, in: RGG⁴ 5 (2002), 1187–1190.
[9] Werbick, Methodenlehre, 19.
[10] A. a. O. 17.

klärt einzelne theologische Entwürfe zugleich über ihre Partikularität und Begrenztheit, ihre eigene »Vorläufigkeit und Standortbedingtheit«[11] auf. Damit verweist sie zugleich auf die allen Denkformen und Methoden inhärente Kontextgebundenheit, aus der eine grundsätzlich legitime Pluralität von theologischen Methoden – und auf der Metaebene auch von deren Methodologien – folgt.[12] Schließlich gehört *viertens* zur spezifischen Methodologie der Theologie, dass bei ihr als in besonderer Weise standortgebundener »Glaubenswissenschaft« auch außerwissenschaftliche Instanzen eine Rolle spielen.[13] Als Spezifikum der Theologie kann ihre »Teilnehmerperspektive« ausgemacht werden. Es kennzeichnet alle Fächer der Theologie, dass sie von dem ausgehen, »was der Glaube von sich selbst weiß«[14]. In dieser Hinsicht formuliert J. Werbick ein komplexes Anforderungsprofil an Theologie, die idealiter »ihre Aufgabe wissenschaftlich kompetent, kirchlich verantwortlich, im Blick auf die ›Zeichen der Zeit‹ und als Dienst am Glaubenkönnen der Menschen wahrnimmt«[15]. Neben den wissenschaftlichen Kompetenzen im engeren Sinne gehören – dieser Aufgabenbestimmung Werbicks zufolge – damit zum wissenschaftstheoretischen Selbstverständnis der Theologie: Die glaubensgemeinschaftlich-kirchliche Verankerung, der Dienstcharakter für die Praxis des Glaubens und ihre Sensibilität für die Kontexte, in denen sich Glaubensgemeinschaften, Gläubige und ihre theologischen Reflexionen befinden, eine Sensibilität für die sogenannten *Zeichen der Zeit* also.

In den folgenden Überlegungen soll dieses von Werbick prominent in den methodologischen Kontext eingeführte Stichwort vom Blick auf die Zeichen der Zeit als *ein* Weg theologischer Methodologie unter dem Schlagwort »theologischer Zeitgenossenschaft« vertieft werden.[16] Damit werden die beiden skizzierten Anwege zu einer theologischen Methodologie zusammengeführt: Denn ei-

---

[11] A. a. O. 20.

[12] Werbick spricht in dieser Hinsicht etwa von der »Relativität der jeweils erreichten Ergebnisse im Blick auf das, wovon die Rede ist« (a. a. O. 18), und von der bleibenden Offenheit »für bessere Argumente und neue Erfahrungen« (a. a. O. 20).

[13] Vgl. Max Seckler, Theologie als Glaubenswissenschaft, in: HFTh² 4 (20002), 132–184; Ansgar Kreutzer, Kirche und Theologie im Rahmen der Zivilgesellschaft, in: Gerhard Krieger (Hg.), Zur Zukunft der Theologie in Kirche, Universität und Gesellschaft, Freiburg 2017, 333–360.

[14] Werbick, Methodenlehre, 21. Vgl. zur Teilnehmerperspektive der Theologie auch Ansgar Kreutzer/ Sibylle Trawöger, Distanziert oder involviert? Beobachter- und Teilnehmerperspektive im Verhältnis von Theologie und Soziologie, in: Ders./Franz Gruber (Hg.), Im Dialog. Systematische Theologie und Religionssoziologie, Freiburg 2013, 23–55.

[15] Werbick, Methodenlehre, 9.

[16] Ausdrücklich zur Wahrnehmung und Deutung der »Zeichen der Zeit« in Werbicks Methodologie vgl. a. a. O. 512–525; inhaltliche Umschreibungen einer Haltung theologischer Zeitgenossenschaft werden versucht in Ansgar Kreutzer, Kritische Zeitgenossenschaft. Die Pastoralkonstitution *Gaudium et spes*

nerseits scheint angesichts von Becks Diagnose einer Art »detektivischen Mentalität« in der individualisierten Gesellschaft und Religiosität die gesteigerte methodologische Sensibilität selbst so etwas wie ein Zeichen der Zeit darzustellen; und andererseits ist die theologische Deutung der Zeichen der Zeit mit dem II. Vatikanischen Konzil zum unverzichtbaren Bestandteil katholisch-theologischer Methodologie geworden. Im Folgenden wird daher zunächst die methodologische Programmatik einer theologischen Deutung der Zeichen der Zeit, wie sie das II. Vatikanische Konzil grundgelegt hat, präsentiert. Im nächsten Schritt wird die vom Konzil zwar programmatisch stark gemachte, zugleich jedoch in einer gewissen terminologischen und operationalen Offenheit belassene Rede von der Deutung der Zeichen der Zeit methodologisch angereichert. Dabei wird vorgeschlagen, die theologische Deutung der Zeichen der Zeit als Methode kritischer Korrelation von christlichen Glaubensbeständen und zeitgenössischen Wissens- und Kulturbeständen anzulegen. Zur konkreteren methodischen Umsetzung einer solchen Korrelation wird eine Rezeption der Wissenssoziologie in der Theologie empfohlen. Die programmatisch begründete und methodisch vertiefte Form theologischer Zeitgenossenschaft wird daraufhin – zur Veranschaulichung – exemplarisch angewandt, indem die wissenssoziologische Diagnose eines »unternehmerischen Selbst« mit dem theologischen Grundkonzept »Gnade« in ein kritisch-korrelatives Verhältnis gesetzt wird. Einige Bemerkungen zur Affinität von methodologischer Selbstreflexion unter dem Schlagwort theologischer Zeitgenossenschaft und den Anliegen einer Interkulturellen Theologie schließen die Überlegungen ab.

Programmatik der »Zeichen der Zeit«. Methodologisches Inspirationspotenzial einer biblisch abgeleiteten Metapher

Die Rede von den Zeichen der Zeit ist in Anlehnung an Mt. 16,3 und Lk. 12,56 formuliert.[17] Entscheidender jedoch als der exegetische Kontext ist die theologische Rezeption, vielleicht auch Projektion, welche die biblisch abgeleitete Metapher erfahren hat. G. Ruggieri verweist darauf, dass die »Redewendung von den

---

modernisierungstheoretisch gedeutet und systematisch-theologisch entfaltet, Innsbruck/Wien 2006, bes. 48–64.

[17] Vgl. zum exegetischen Kontext kurz Kreutzer, Zeitgenossenschaft, 305–308.

‚Zeichen der Zeit ... schon vor dem Konzil, und sogar im kirchlichen Milieu, ein häufig gebrauchter Ausdruck [war], um eine positive Sicht der Gegenwart als Ort, an dem das sich ereignende Heil zu erkennen war, zu kennzeichnen«[18]. Popularität als theologisch aufgeladener Topos erreichte die Rede von den Zeichen der Zeit durch Angelo Giuseppe Roncalli, Papst Johannes XXIII. (1959–63), dem Initiator des II. Vatikanischen Konzils. Der Ausdruck durchzieht leitmotivartig seine Reden und Schriften. »Auch in den Schriften von Angelo Giuseppe Roncalli ist das Syntagma von seiner Jugendzeit an belegt, vor allem, wenn es darum ging, ein kirchliches oder weltliches Ereignis als Grund zu qualifizieren, eine bessere Zukunft für die Sache des Evangeliums erhoffen zu können.«[19] Den »methodologischen Durchbruch« erreichte die Wahrnehmung und Deutung von den Zeichen der Zeit beim von Johannes XXIII. einberufenen II. Vatikanischen Konzil. Die Rede von den Zeichen der Zeit begegnet in den Konzilstexten ausdrücklich viermal, in der Pastoralkonstitution (GS 4), im Dekret zur Priesterausbildung (PO 9), im Missionsdekret (AA 14) und im Ökumenismusdekret (UR 4). Programmatisch entfaltet und methodisch angewandt wird sie in der Pastoralkonstitution *Gaudium et spes*:

Das Programmwort im Kontext der Pastoralkonstitution des II. Vatikanum[20]

Eine Prägung des Konzilsdokuments durch den Topos der Zeichen der Zeit lässt sich auf drei Ebenen feststellen: Die Methode, nach den Zeichen der Zeit zu forschen und sie im Licht des Glaubens zu deuten, begegnet in der ausdrücklichen Aufnahme in den Text (1), in der Textstruktur der Pastoralkonstitution (2) und wird in der theologischen »Hintergrundfolie« des Dokumentes verankert (3):

(1) Auf der Ebene des Textes findet sich der Terminus der Sache nach an zwei Stellen, die durchaus unterschiedlich akzentuiert sind. Die populärste Formulierung findet sich zu Beginn der sogenannten Einführung (*Expositio introductiva*)

---

[18] Giuseppe Ruggieri, Zeichen der Zeit. Herkunft und Bedeutung einer christlich-hermeneutischen Chiffre der Geschichte, in: Peter Hünermann (Hg.), Das Zweite Vatikanische Konzil und die Zeichen der Zeit heute, Freiburg 2006, 61–70, hier: 61.
[19] A. a. O. 62.
[20] Vgl. dazu auch Kreutzer, Zeitgenossenschaft, 311–316. Die Zitate aus dem Konzil sind entnommen aus Karl Rahner/Herbert Vorgrimler (Hg.), Kleines Konzilskompendium. Sämtliche Texte des Zweiten Vatikanums, Freiburg 1994[26].

in die Pastoralkonstitution (GS 4–11): »Zur Erfüllung dieses ihres Auftrages obliegt der Kirche allzeit die Pflicht, nach den Zeichen der Zeit zu forschen und sie im Licht des Evangeliums zu deuten.« (GS 4) Hier wird das Selbstverständnis von Kirche darauf festgelegt, methodisch die »Hauptfakten, die eine Epoche kennzeichnen«,[21] zu identifizieren und deren Interpretation im eigenen weltanschaulichen Horizont vorzunehmen. Am Ende der Einführung wird, wenn auch in anderer Formulierung, die Deutung der Zeichen der Zeit erneut thematisch gemacht: »Im Glauben daran, daß es vom Geist des Herrn geführt wird, der den Erdkreis erfüllt, bemüht sich das Volk Gottes in den Ereignissen, Bedürfnissen und Wünschen, die es zusammen mit den übrigen Menschen unserer Zeit teilt, zu unterscheiden, was darin wahre Zeichen der Gegenwart Gottes sind.« (GS 11) Während es im ersten Zitat primär um die *Wahrnehmung* der Zeichen der Zeit geht, steht hier die *Unterscheidung* der für eine Epoche repräsentativen Entwicklungen im Vordergrund, die im Kontext einer theologischen Kriteriologie zu treffen ist. Diese eher dialektische und ambivalente Wahrnehmung der »Hauptfakten, die eine Epoche kennzeichnen« (Moeller) entspricht der insgesamt dialektischen, keineswegs rein optimistischen oder »blauäugigen« Weltsicht des Dokuments.[22]

(2) Über diese unmittelbaren Textbezüge hinaus bestimmt die Deutung der Zeichen der Zeit auch die Textstruktur und damit die in *Gaudium et spes* angewandte Methode. Dies lässt sich an zwei textstrukturellen Besonderheiten zeigen: Die Einführung von *Gaudium et spes* (GS 4–11), die – wie gesehen – durch die beiden textlichen Bezüge zu den Zeichen der Zeit an ihrem Anfang (GS 4) und Schluss (GS 11) gerahmt ist, setzt den Auftrag einer Wahrnehmung und Deutung der Zeichen der (damaligen) Zeit methodisch um – auf unterschiedlichen Ebenen: So werden wesentliche sozialstrukturelle Entwicklungen der ersten Hälfte des 20. Jahrhunderts aufgerufen wie Industrialisierung, Migration, Globalisierung; es werden aber auch die damit verbundenen Veränderungen von Deutungsmustern (»Denk- und Auffassungsweisen«, GS 7), nicht zuletzt im Hin-

---

[21] So die Umschreibung des Terminus im Kommentar von Charles Moeller, Das Prooemium/Expositio introductiva. Kommentar, in: Heinrich Suso Brechter (Hg.), Das Zweite Vatikanische Konzil. Konstitutionen, Dekrete und Erklärungen (= LThK² Ergänzungsbände), Bd. 3, Freiburg 1968, 280–312, hier: 295.

[22] Vgl. u. a. den Kommentar zu *Gaudium et spes* von Hans-Joachim Sander, der es für ungerechtfertigt hält zu behaupten, »GS pflege eine einseitige Sicht auf die positiven Anteile in der heutigen Welt. Dieser Vorwurf hält sich hartnäckig, aber er kann sich nicht auf den verabschiedeten Text berufen«. Ders., Theologischer Kommentar zur Pastoralkonstitution über die Kirche in der Welt von heute *Gaudium et spes*, in: Peter Hünermann u. a. (Hg.), Herders Theologischer Kommentar zum Zweiten Vatikanischen Konzil, Bd. 4, Freiburg 2009, 581–886, hier: 716. Vgl. zu den dialektischen Zügen in der Gesellschaftsdiagnostik von Gaudium et spes Kreutzer, Zeitgenossenschaft, 283–290.

blick auf Religion und Glauben, skizziert; schließlich wird methodologisch konsequent zur professionalisierten Wahrnehmung charakteristischer sozialer Wandlungsprozesse auf die Sozial- und Humanwissenschaften rekurriert (vgl. GS 5). In den Wertungen, welche die Zeitdiagnosen in der Einführung durchziehen, sind ebenfalls dialektische Wahrnehmungen und ambivalente Beurteilungen leitend: »Unter diesen Umständen zeigt sich die moderne Welt zugleich stark und schwach, in der Lage das Beste oder das Schlimmste zu tun.« (GS 9) Die zweite textstrukturelle Umsetzung einer Methodik der Zeichen der Zeit befindet sich im sogenannten II. Hauptteil des Dokuments (GS 46–90). Die einzelnen Abschnitte, die den Themen Ehe und Familie, Kultur, Wirtschaft, Politik und Weltgemeinschaft gewidmet sind, sind nach dem von der Katholischen Arbeiterjugend schon im Vorfeld des Konzils geprägten methodischen Dreischritt »sehen – urteilen – handeln«, also Zeitanalyse – theologisch-ethische Bewertung – Handlungsanleitungen, angelegt.[23] Auch hier bewegen sich die Wahrnehmungen und Wertungen unter den Vorzeichen von Dialektik und Ambivalenz.[24]

(3) Außer den ausdrücklichen Formulierungen (1) und der Logik der Textgestalt (2) wird die differenzierte Wahrnehmung und Deutung der Gegenwart durch die Konzilsväter – freilich in der im Genre eines Konzilstexts lediglich skizzen- und überblickshaften Form – auch in leitende theologische Grundstrukturen der Pastoralkonstitution eingebunden. Im Hinblick auf die Christologie der Pastoralkonstitution hat Th. Gertler in seiner Dissertationsschrift[25] zwei leitende Stränge ausgemacht: Das Dokument wird theologisch beherrscht einerseits von einer eher heilsoptimistischen Inkarnations-, andererseits von einer eher leidsensiblen Kreuzes- und Paschachristologie, deren Bipolarität genau der dialektischen Weltsicht entspricht, welche die Zeitdiagnostik der Pastoralkonstitution durch-

---

[23] Vgl. zur Gliederungsstruktur des II. Hauptteiles von *Gaudium et spes* Kreutzer, Zeitgenossenschaft, 238–240.

[24] Ein Beispiel stellen etwa die Einschätzungen zu Krieg und Frieden in der Weltgemeinschaft dar, wie sie sich im 5. Kapitel des II. Hauptteiles finden. In grundpessimistischem Ton heißt es: »Täuschen wir uns nicht durch eine falsche Hoffnung! Wenn Feindschaft und Haß nicht aufgegeben werden, wenn es nicht zum Abschluß fester und ehrenhafter Verträge kommt, die für die Zukunft einen allgemeinen Frieden sichern, dann geht die Menschheit, die jetzt schon in Gefahr schwebt, trotz all ihrer bewundernswürdigen Wissenschaft jener dunklen Stunde entgegen, wo sie keinen anderen Frieden mehr spürt als die schaurige Ruhe des Todes.« (GS 82) Zugleich wird mit verhaltenem Optimismus eingeschränkt: »Aber während die Kirche Christi mitten in den Ängsten dieser Zeit lebt und diese Worte ausspricht, hört sie nicht auf, zuversichtlich zu hoffen.« (GS 82)

[25] Thomas Gertler, Jesus Christus – Die Antwort der Kirche auf die Frage nach dem Menschsein. Eine Untersuchung zu Funktion und Inhalt der Christologie im ersten Teil der Pastoralkonstitution »Gaudium et spes« des Zweiten Vatikanischen Konzils, Leipzig 1986.

zieht. Für diese Kopplung von christologischen und zeitdiagnostischen Leitlinien für die Pastoralkonstitution hält Gertler fest:»So kann eine positive und optimistische Weltsicht den Blick für das Geheimnis der Inkarnation als Annahme der Menschheit und der Welt öffnen, wie umgekehrt die tiefe Meditation der Menschwerdung eine dualistische Weltsicht verhindern kann. Das gleiche gilt für das Kreuz. Freilich wird die Erfahrung von Leid und Heillosigkeit in der Welt eher das Kreuz in den Mittelpunkt christologischen Denkens rücken, wie auch die Betrachtung des Kreuzes zu einer kritischen Beurteilung der Welt führen kann.«[26]

Damit wird deutlich, wie die Methode der Deutung der Zeichen der Zeit ein zentrales Dokument des II. Vatikanischen Konzils, die Pastoralkonstitution *Gaudium et spes*, in ausdrücklichen Formulierungen, in der Textlogik und in leitenden theologischen Grundlinien strukturell prägt.

Theologische Diskursfunktion: Inspiration und Ungenügen der konziliaren Programmatik für die theologische Methodologie

Es ist auffällig, dass sich im derzeitigen katholisch-theologischen Diskurs methodologische Überlegungen am konziliaren Programmwort der Zeichen der Zeit abarbeiten. Dies geschieht einerseits affirmativ, indem die Rede von den Zeichen der Zeit als Inspiration, Motivation, ja Auftrag zur Modellierung einer ihr entsprechenden Methodologie wahrgenommen wird; andererseits wird die terminologische Präzision und methodologische Operationalisierung vermisst. Beide Diskurslinien, die affirmative wie die kritische Lesart des konziliaren Programmworts, lassen sich etwa in drei neueren und umfangreicheren Sammelbänden nachverfolgen, welche die Rede von den Zeichen der Zeit mit Methodenfragen verknüpfen:[27]

Die Deutung der »Zeichen der Zeit« wird für den theologischen (und kirchlichen) Diskurs normativ aufgeladen, als zentral und verpflichtend begriffen. Für

---

[26] A. a. O. 376. Zur Christologie der Pastoralkonstitution vgl. auch Franz Gmainer-Pranzl, Jesus Christus – die Aufklärung des Menschen? Überlegungen zur christologischen Neuorientierung von Gaudium et spes, in: Ders./Magdalena Holztrattner (Hg.), Partnerin der Menschen – Zeugin der Hoffnung. Die Kirche im Licht der Pastoralkonstitution Gaudium et spes, Innsbruck/Wien 2016, 147–183.

[27] Peter Hünermann (Hg.), Das Zweite Vatikanische Konzil und die Zeichen der Zeit, Freiburg 2006; Christoph Böttigheimer/Florian Bruckmann (Hg.), Glaubensverantwortung im Horizont der »Zeichen der Zeit«, Freiburg 2012; Themenhefte »Kairologie – Zeichen der Zeit« der ZKTh, 136 (2015), H. 1–2.

R. A. Siebenrock sind die Zeichen der Zeit ein »operationaler Schlüsselbegriff«.[28]
P. Hünermann bezeichnet es als »Aufgabe der Theologie, am Beginn des III.
Milleniums die Zeichen der Zeit aufzugreifen«[29]. Auch C. Böttigheimer unter-
streicht den verpflichtenden Charakter des Programmworts: »Nimmt man ... die
Fundamentaltheologie des Konzils ernst, führt an den ›Zeichen der Zeit‹ und
ihrer Deutung kein Weg vorbei.«[30] Die Deutung der Zeichen der Zeit wird als
eine gebotene methodologische Richtschnur der Grundlagendisziplin Fundamentaltheologie über deren einzelne Ansätze hinaus wahrgenommen: »Die Pastoralkonstitution gibt damit der Fundamentaltheologie, ungeachtet ihrer disparaten Ansätze und Entwicklungen, etwas Grundlegendes mit auf den Weg; sie
spinnt so etwas wie einen roten Faden, nämlich dass unser christlicher Glaube an
der konkreten Zeit und Geschichte vorbei nicht verantwortet werden kann. Der
Dialog mit der Welt ist gewissermaßen eine hermeneutische Grundregel.«[31] Bei
Böttigheimer wird der normative Charakter, den die Berücksichtigung der Zeichen der Zeit in der nachkonziliaren katholischen Theologie einnimmt – im Gefolge der Pastoralkonstitution –, weiter theologisch vertieft. Nach den Zeichen
der Zeit zu forschen entspricht in ekklesiologischer Hinsicht dem kirchlichen
Grundauftrag und Selbstverständnis, wie sie in der Pastoralkonstitution als theologische Selbstsicht der Kirche formuliert worden sind. »In ihr heißt es, dass die
›Kirche in der Welt von heute‹ die Pflicht habe, ›die Zeichen der Zeit zu erforschen und im Licht des Evangeliums auszulegen‹ (GS 4).«[32] Zur *ekklesiologischen* Aufladung dieser Methodologie kommt die noch schwerer wiegende *christologische* Unterfütterung hinzu. Denn die wahrnehmende und deutende Hinwendung von Kirche und Theologie zur Welt verdankt sich dem für das Christentum konstitutiven Inkarnationsgedanken, der grundsätzlichen Annahme der
Welt in der Menschwerdung des göttlichen Logos: »Insofern dem konziliaren
Konzept der ›Zeichen der Zeit‹ eine inkarnatorische Denkkategorie zugrunde
liegt, sieht der Glaube in konkreten soziohistorischen Situationen den Geist
Christi am Werk.«[33]

---

[28] Roman A. Siebenrock, »Zeichen der Zeit«. Zur Operationalisierung des christlichen Bekenntnisses vom universalen Heilswillen Gottes, in: ZKTh 136 (2015), 46–63.
[29] Peter Hünermann, Zur theologischen Arbeit am Beginn des dritten Milleniums, in: Ders. (Hg.), Das Zweite Vatikanische Konzil, 569–593, hier: 593.
[30] Christoph Böttigheimer, Thematische Hinführung, in: Ders./Bruckmann (Hg.), Glaubensverantwortung, 11–26, hier: 11.
[31] A. a. O. 14.
[32] A. a. O. 11.
[33] A. a. O. 13.

Zu dieser affirmativen Rezeption des konziliaren Topos und seiner normativen und theologischen Aufladung gesellt sich die Skepsis, wie sich die konkrete methodische Umsetzung in der Theologie gestalten soll. So inspirierend das Motiv der Zeichen der Zeit auch ist, so schwer lässt es sich in eine konkrete Methodenlehre überführen. Der performativen Kraft der programmatischen Rede steht ihre – in der gleichen Sprachlogik begründete – mangelnde Präzision gegenüber. Von K. Lehmann wird etwa die Gefahr einer Trivialisierung und Abnutzung im Sprachgebrauch beschworen. Er beklagt eine »inflationär verbrauchte und missbrauchte Rede von den ›Zeichen der Zeit‹«[34]. Sich auf Lehmann beziehend fragt Böttigheimer im gleichen Duktus: »Doch was ist unter dem Begriff ›Zeichen der Zeit‹ *theologisch* näher zu verstehen? Auf diese hermeneutische Frage gibt das Konzil keine Antwort, zumal es den Begriff in keinem eindeutigen Sinn gebraucht.«[35] Schließlich mahnt Siebenrock eine theologische Kriteriologie zur Identifizierung (vgl. GS 4, s. o.) und Unterscheidung (vgl. GS 11, s. o.) der Zeichen der Zeit an: »Die Wahrnehmung (‹animadvertere›) und das Unterscheiden (‹discernere›) verlangen eine Unterscheidung von Unheilszeichen durch eine theologische Kriteriologie, die im Text nur unzureichend ausgearbeitet worden sei.«[36] Diesen ambivalenten, zwischen normativer Aufladung und Kritik an fehlender terminologischer Präzision angesiedelten Diskursbefund zum Topos Zeichen der Zeit aufgreifend soll im Folgenden einerseits das inspirierende methodologische Potenzial der Rede von den Zeichen der Zeit, als Stil theologischer Zeitgenossenschaft, aufgenommen werden und andererseits zugleich ein Vorschlag zu einer möglichen methodologischen Konkretion dieses programmatisch bedeutenden und theologisch unterfütterten Topos vorgeschlagen werden: Die Umsetzung einer theologischen Deutung der »Zeichen der Zeit« durch die Methode kritischer Korrelation.

[34] Karl Lehmann, Neue Zeichen der Zeit. Unterscheidungskriterien zur Situation der Kirche in der Gesellschaft und zum kirchlichen Handeln heute. Eröffnungsreferat bei der Herbst-Vollversammlung der Deutschen Bischofskonferenz in Fulda (Der Vorsitzende der Deutschen Bischofskonferenz 26), Bonn 2005, hier: 45.
[35] Böttigheimer, Hinführung, 11.
[36] Siebenrock, »Zeichen der Zeit«, 55f., mit Bezug auf Thomas Freyer.

Methodologische Vertiefung: Kritisch-korrelative Theologie

Vertiefung I: »Korrelation« in Jürgen Werbicks Methodenlehre

Auch in der aktuellen und umfangreichen theologischen Methodologie Werbicks wird dem konziliaren Topos »Zeichen der Zeit« eine inspirierende und normierende Funktion für den theologischen Diskurs zugesprochen. Insbesondere in seinen Überlegungen zu einer praktisch-theologischen Hermeneutik geht Werbick im Rückgriff auf das II. Vatikanische Konzil ausführlich auf die »Zeichen der Zeit« ein. »Das II. Vatikanum hat es – grundlegend in der Pastoralkonstitution *Gaudium et spes* (Ziffern 4–11) – als Ausweis einer spezifisch theologischen Realitätskompetenz angesehen, in einer engagiert-teilnehmenden Analyse des Welt-Geschehens ›nach den Zeichen der Zeit zu forschen und sie im Licht des Evangeliums zu deuten‹ (Gaudium et spes 4).«[37] Obwohl Werbick die »empirisch kontrollierte[] Hermeneutik der Situation des Glaubens«[38] primär der Praktischen Theologie zuordnet, versteht er die methodologische Programmatik, nach den Zeichen der Zeit zu forschen und sie theologisch zu interpretieren, als gesamttheologische Aufgabe. Die konziliare Programmatik setzt sich methodologisch um als Forderung nach einem »alle Disziplinen umfassenden theologischen Arbeitszusammenhang …, in welchem die Situation des Glaubens von der Herausforderung zur Nachfolge her und die Nachfolge als in der Situation des Glaubens liegende Herausforderung zu einer situationsadäquaten Kommunikation des Evangeliums verstanden wird«[39]. Offenbar beschreibt Werbick damit »zur situationsadäquaten Kommunikation des Evangeliums« eine doppelte hermeneutische Verschränkung, die im Motiv der theologischen Deutung der Zeichen der Zeit enthalten ist. Theologisch erschließt sich die Situationsanalyse erst vor dem interpretatorischen Hintergrund der christlichen Glaubenssicht und umgekehrt: Der christliche Glaube wird erst vor dem Kontext einer Situationsanalyse erhellt. Man kann die methodologische Ausdeutung Werbicks zu den »Zeichen der Zeit« daher als eine wechselseitig-kritische Korrelation einer »Hermeneutik der Situation des Glaubens« und einer »Hermeneutik der Nachfolge« verstehen.[40]

Werbick widmet in seiner theologischen Methodologie dem Verfahren der

---

[37] Werbick, Methodenlehre, 512f.
[38] A. a. O. 516.
[39] A. a. O.
[40] A. a. O.

Korrelation größte Aufmerksamkeit und profiliert seinen eigenen methodologischen Vorschlag in diesem Kontext. Nach den Referaten einschlägiger korrelativer Theologien insbesondere von Paul Tillich und Edward Schillebeeckx[41] setzt Werbick zwei eigene Akzente einer grundsätzlich korrelativen Methodologie: Zunächst setzt er sich vorsichtig von der Korrelationstheologie Tillichs ab, bei dem er den Eindruck gewinnt, dass das Aufeinander-Beziehen von existentiellen Fragen der Menschen von heute einerseits und das Aufrufen christlicher Sinndeutungen – materialiter verdichtet in den Symbolwelten des Glaubens – andererseits als allzu simples Frage-Antwort-Schema missverstanden werden kann,[42] das den Unvereinbarkeiten und Interpretationsüberschüssen dieser beiden Korrelationspole nicht genügend Rechnung trägt: »Das Frage-Antwort-Modell überlagert in Tillichs Methodenüberlegungen das Modell der wechselseitigen Auslegung von Auszulegendem und Auslegendem ...«[43] Demgegenüber favorisiert Werbick selbst die mit wechselseitigen Inkompatibilitäten und hermeneutischen Überschüssen rechnende Korrelation von christlichen Traditions- und heutigen Sinnbeständen. In einem zweiten Akzent präzisiert Werbick schließlich die beiden Pole in der von ihm komplexer und wechselseitig widerständiger als bei Tillich angelegten Korrelation, die er einerseits mit Formen »vernünftiger Selbst-

---

[41] Vgl. a. a. O. 132–148. Vgl. zur systematisch-theologischen Methode der Korrelation auch den Lexikonartikel von Jürgen Werbick, Korrelation. I. Systematisch-theologisch, in: LThK³ 6 (1997), 387–389. Die Methode der Korrelation ist insbesondere in der Religionspädagogik stark rezipiert und diskutiert worden. Vgl. etwa Hans Mendl, Religionsdidaktik kompakt. Für Studium, Prüfung und Beruf, München 2011, bes. 57–67; Werner H. Ritter u. a., Korrelation und Elementarisierung als religionsdidaktische Grundkategorien, in: Georg Hilger u. a. (Hg.), Religionsdidaktik Grundschule. Handbuch für die Praxis des evangelischen und katholischen Religionsunterrichts. Überarbeitete Neuauflage, München 2014, 152–168; Burkard Porzelt, Korrelation, in: Ders./Alexander Schimmel, Strukturbegriffe der Religionspädagogik, Bad Heilbrunn 2015, 74–81. In diesen Debatten scheint sich die Kritik an der Korrelation weniger auf deren systematisch-theologische Grundlage als auf deren recht unmittelbare didaktische Applikation zu richten. Vgl. Georg Reilly, Süß, aber bitter. Ist die Korrelationsdidaktik noch praxisfähig?, in: Georg Hilger/Ders. (Hg.), Religionsunterricht im Abseits? Das Spannungsfeld Jugend – Schule – Religion, München 1993, 16–27, hier: 18: »Die Crux dieser Rezeption des Korrelationsgedankens liegt nicht so sehr in dem theologischen Ansatz selber, sondern eher darin, daß dieses offenbarungstheologische Anliegen unmittelbar als didaktisches Prinzip auf den Religionsunterricht übertragen wird.« Für Hinweise auf die Diskussion um Korrelation in Religionspädagogik und -didaktik danke ich meiner Kollegin Ilse Kögler.
[42] Eine solch allzu simpel aufgefasste Korrelation hat der Korrelationstheologe Edward Schillebeeckx in einem Interview mit der »Topf-Deckel«-Metapher kritisiert. Darin lehnt Schillebeeckx ein Verständnis von Korrelation ab, »die, sagen wir es mal salopp, wie ein Deckel auf den Topf paßt, wobei der Deckel die Tradition und der Topf die menschlichen Erfahrungen repräsentiert« Edward Schillebeeckx, Tradition und Erfahrung: Von der Korrelation zur kritischen Interrelation. Hans-Georg Ziebertz im Gespräch mit Edward Schillebeeckx anlässlich dessen 80. Geburtstags am 12. November, in: KatBl 119 [1994], 756–762, hier: 757.
[43] Werbick, Methodenlehre, 136.

---

und Weltverständigung« und andererseits mit »Glaubenszeugnissen« zu fassen sucht: »Menschlich-vernünftige Selbst- und Weltverständigung und die Zeugnisse stehen deshalb vielleicht nicht in einem Frage-Antwort-Verhältnis zueinander, wie Tillichs Methodenüberlegungen es mitunter nahe gelegt haben mögen. Aber die Theologie darf davon ausgehen, dass sie aneinander gewiesen sind.«[44] Aus dem – hier gerafft dargelegten – Programm kritisch-korrelativer Theologie leitet Werbick schließlich sein leitendes Verständnis einer theologischen Methodologie ab. So formuliert er die »Anlage einer theologischen Methodenlehre« als »Aufgabe, das Zueinander menschlich-vernünftiger Selbst- und Weltverständigung und der biblischen wie der glaubensgeschichtlich-normativen, die göttliche Über-Fülle des Lebens auf menschlich-endliche Weise vergegenwärtigenden Zeugnisse zu klären«[45]. Mit dieser hermeneutisch differenzierten Korrelationstheologie Werbicks wird eine methodologische Präzisierung des programmatischen Topos der »Zeichen der Zeit«, den das II. Vatikanische Konzil methodologisch und theologisch stark gemacht hat, möglich. Diese soll im Folgenden um einen interdisziplinären »Verfahrensvorschlag« erweitert werden.

Vertiefung II: Theologische Rezeption der Wissenssoziologie

In der Umsetzung einer Theologie der Zeichen der Zeit, die das Konzil in der Pastoralkonstitution, besonders in deren »Einführung« (GS 4–11), andeutet, wird eine interessante Dimension angesprochen, welche die Erfassung der beiden Werbick'schen Korrelationspole, die »menschlich-vernünftigen Selbst- und Weltverständnisse« und die »Glaubenszeugnisse«, bereichert. Das Konzil nimmt hier, wie erwähnt, nicht nur den sozialen Wandel selbst, sondern auch den damit mitgegebenen Wandel der *Deutungsmuster*, die »kollektiven Urteile und Wünsche«, die »Art und Weise, die Dinge und die Menschen zu sehen« (GS 5) in den Blick.[46] Diese Sensibilität für kollektive Interpretationsraster lässt sich als Vor-

---

[44] A. a. O. 181.

[45] A. a. O. 181f. Werbick selbst versucht eine Korrelation zwischen menschlicher Selbst- und Weltverständigung und den Glaubenszeugnissen über den für ihn theologisch wie anthropologisch aussagekräftigen Begriff der »Würdigung« (vgl. a. a. O. 175–182; Ders., Den Glauben verantworten. Eine Fundamentaltheologie, Freiburg 2005³, 854–881), der durchaus inhaltliche Überschneidungen zum hier weiter unten zur Korrelation herangezogenen, allerdings mehr im religiös-theologischen Sprachspiel angesiedelten Begriff »Gnade« aufweist.

[46] Konsequenterweise wird dabei methodisch auch auf die Herangehensweisen der Human- und Sozialwissenschaften verwiesen, welche wichtige Werkzeuge zur Situationsanalyse und zur gesellschaftlich-politischen Selbstgestaltung der Menschen darstellen: »In ihrem Fortschritt geben Biologie, Psychologie

lage zur theologischen Rezeption der wissenschaftlichen Disziplinen verstehen, die sich explizit mit kulturellen Deutungsmustern beschäftigen. Gerade in dieser interdisziplinären Anreicherung könnte eine weitere Professionalisierung der von Werbick herausgearbeiteten und präferierten korrelativen Methodologie liegen. Denn sowohl die »Selbst- und Weltverständnisse« als auch die »Glaubenszeugnisse« (also die beiden Korrelationspole Werbicks) sind immer schon in *gesellschaftlich* gegebene Wissensbestände und Plausibilitätsstrukturen eingebunden. Unter den sozialwissenschaftlichen Disziplinen ist es insbesondere die Wissenssoziologie, die sich mit der Erforschung und Erklärung von kulturell vorgegebenen und kollektiv geteilten Deutungsmustern beschäftigt.[47] Ihre Perspektive scheint vor dem Hintergrund des Gesagten gerade für eine kritisch-korrelative Theologie im Gefolge des Konzils aufschlussreich:

Grundsätzlich geht es der Wissenssoziologie in ihren verschiedenen Ansätzen um die Abkehr von einem Verständnis von Erkenntnis als einem »solitären Prozess« zwischen erkennendem Subjekt und zu erkennendem Objekt, um die *Sozialität* von Wissen und Erkennen: Erkennende Menschen sind »Teil eines sozialen Zusammenhanges, der selbst in den Prozess des Erkannten und den Inhalt des Erkannten und Gewussten eingeht«[48]. »Erkenntnistheorie ist immer auch Gesellschaftstheorie.«[49] Diese Einsicht in die kollektive Dimension von Erkenntnis- und Deutungsmustern, sowohl bei der Selbst- und Weltwahrnehmung als auch bei den hermeneutischen Erschließungen der Glaubensbestände, wird in einem Zentralbegriff der wissenssoziologischen Analyse gebündelt: »Plausibilitätsstruktur«. Damit wird zum Ausdruck gebracht, dass Wissensbestände, Wahrnehmungen, Deutungen in ihrer Inhaltlichkeit, ihrer Relevanz und ihrer Normativität (»Plausibilität«/«Glaubbarkeit«) auch von den Sozialstrukturen abhängig sind, innerhalb derer sie entstehen, tradiert werden und sich transformieren. »Die subjektive Wirklichkeit ist also immer an besondere Plausibilitätsstrukturen ge-

---

und Sozialwissenschaften dem Menschen nicht nur ein besseres Wissen um sich selbst; sie helfen ihm auch, in methodisch gesteuerter Weise das gesellschaftliche Leben unmittelbar zu beeinflussen.« (GS 5)
[47] Vgl. als Überblicke Nico Stehr (Hg.), Wissenssoziologie, Opladen 1980; Hubert Knoblauch, Wissenssoziologie, Konstanz 2005; Sabine Maasen, Wissenssoziologie, Bielefeld 2009². Vgl. zur theologischen Rezeption Ansgar Kreutzer, Rezeption der Wissenssoziologie in der Theologie. Ein fundamentaltheologischer Anstoß aus der Pastoralkonstitution und ihrem theologischen Umfeld, in: Gmainer-Pranzl/Holztrattner (Hg.), Partnerin der Menschen, 105–121; Hans-Joachim Höhn, Soziologie. II Soziologie und Theologie, in: LThK³ 9 (2000), 801. Eine beachtlich frühe theologische Rezeption der »Soziologie der Erkenntnis« findet sich bei Marie-Dominique Chenu, Tradition und Soziologie des Glaubens, in: Johannes Betz/Heinrich Fries (Hg.), Kirche und Überlieferung, Freiburg 1960, 266–275.
[48] Knoblauch, Wissenssoziologie, 14.
[49] A. a. O.

bunden, das heißt an die gesellschaftliche Grundlage und die gesellschaftlichen Prozesse, die für ihren Bestand erforderlich sind. Man kann seine Selbstidentifizierung als Mann von Gewicht nur in einem Milieu erhalten, das diese Identität bestätigt. Man kann sich seine katholische Religion nur bewahren, wenn man in Beziehung mit der katholischen Kirche bleibt und so weiter.«[50] Methodisch folgt daraus für eine Theologie, die kritisch-korrelativ Übergänge von gegenwärtigen, sozial gerahmten Selbst- und Weltverständnissen und Glaubenszeugnissen herstellen möchte, dass sie die sozial geltenden und die eigenen Plausibilitätsstrukturen unter Zuhilfenahme der Wissens- und Kultursoziologie erheben und berücksichtigen muss. Diese für eine kritisch-korrelativ angelegte theologische Methodologie notwendige Rezeption wissenssoziologischer Methodik hat H.-J. Höhn in seinem programmatischen Artikel »Soziologie und Theologie« deutlich herausgearbeitet: »Soziologische Forschung ist … unabdingbar für die fundamentaltheologische Frage nach der intellektuell-kulturellen Plausibilität christlichen Lebenswissens …«[51] Es bedarf daher in der Theologie »eines kultur- und wissenssoziologischen Zugangs zu den Tradierungs- und Geltungschancen religiöser Wirklichkeitsdeutung«[52]. Im nächsten Schritt soll die damit skizzierte korrelative und wissenssoziologisch informierte Methodologie theologischer Zeitgenossenschaft an einem Beispiel kurz veranschaulicht werden.

Exemplarische Anwendung: »Gnade« für das »unternehmerische Selbst«

»Zeichen der Zeit erforschen«: Die Diagnose vom »unternehmerischen Selbst« (U. Bröckling)

Der Freiburger Wirtschafts- und Kultursoziologe U. Bröckling hat mit seinem breit rezipierten Buch »Das unternehmerische Selbst« eine instruktive Zeitdiag-

---

[50] Peter L. Berger/Thomas Luckmann, Die gesellschaftliche Konstruktion der Wirklichkeit. Eine Theorie der Wissenssoziologie, Frankfurt a. M. 1996 (Nachdruck der 5. Aufl.), 165. Dabei kann die Wissenssoziologie durchaus auch zu einem Mittel der Gesellschaftskritik werden, etwa in der Identifizierung von Ideologien: »Wenn eine Wirklichkeitsbestimmung so weit ist, daß sich ein konkretes Machtinteresse mit ihr verbindet, so kann sie ›Ideologie‹ genannt werden« (a. a. O. 132). In einem macht- und gesellschaftskritischen Sinne betrieben etwa Michel Foucault und Pierre Bourdieu Wissenssoziologie. Vgl. zu Foucault etwa Maasen, Wissenssoziologie, 39–46; zu Bourdieu, a. a. O. 46–50.
[51] Höhn, Soziologie, 801 (Auflösung der Abkürzungen A. K.).
[52] A. a. O. (Auflösung der Abkürzungen A. K.).

nose vorgelegt, anhand derer das Vorgehen einer wissenssoziologisch informierten kritischen Korrelation andeutungsweise veranschaulicht werden kann.[53] Bröckling bedient sich grundsätzlich der vom französischen Philosophen und Soziologen Michel Foucault profilierten wissenssoziologischen Methode zur Erforschung sogenannter Gouvernementalitäten.[54] Mit dem Kunstwort »Gouvernementalität« (Frz.: »*gouvernementalité*«), aus den Bestandteilen »*gouverner*« (regieren) und »*mentalité*« (Denkweise), fokussieren Foucault und von ihm inspirierte SozialwissenschaftlerInnen auf Verbindungen von Macht- und Denkstrukturen, und es wird untersucht, »wie Herrschaftstechniken sich mit ›Technologien des Selbst‹ verknüpfen«[55]. In diesem Sinne analysiert Bröckling »Regime des Selbst«, wobei er sein besonderes Augenmerk auf populär- und alltagskulturelle Selbsttechnologien legt, wie man sie idealtypisch in der boomenden Ratgeberliteratur findet. Empirisch wertet Bröckling »die gleichermaßen unspektakulären wie aufdringlichen ›Gebrauchssemantiken‹ technischer Manuale, psychologischer Ratgeber und (Selbst-)Managementprogramme [aus], die konkrete Anweisungen oder Empfehlungen formulieren, wie Menschen zu behandeln sind und wie sie sich zu verhalten haben, um als Individuen gelten zu können«[56]. Im Ergebnis stellt Bröcklings wissenssoziologische Erhebung eine starke Ökonomisierung von Subjekt- und Identitätsbildungsprozessen fest. Anschaulich wird sie auf die zusammenfassende Formulierung gebracht: »Die Maxime ›Handle unternehmerisch!‹ ist der kategorische Imperativ der Gegenwart.«[57]

Tatsächlich ist die grammatikalische Metapher, mit der Bröckling seine Diagnose sprachlich verdichtet, erhellend für seinen Befund. Die Diskursfigur des »Unternehmerischen Selbst«, die ein zentrales Regime des Selbst, eine zentrale Richtschnur für Selbstsicht und Selbstentwicklung geworden ist, hat in nuce eine *imperativische* Gestalt: »Ein unternehmerisches Selbst ist man nicht, man soll es werden.«[58] Bröckling beschränkt sich jedoch nicht nur auf die wissenssoziologische Diagnose einer unternehmerischen Logik, welche zeitgenössische Selbstdeutungen und -gestaltungen prägt; er beschreibt zugleich die mit solch ökono-

---

[53] Ulrich Bröckling, Das unternehmerische Selbst. Soziologie einer Subjektivierungsform, Frankfurt a. M. 2007.

[54] Vgl. Ders. u. a., Gouvernementalität der Gegenwart. Studien zur Ökonomisierung des Sozialen, Frankfurt a. M. 2000. Dieser Sammelband enthält sowohl zwei grundlegende Texte von Foucault zum Thema als auch Aufnahmen und Weiterführungen durch andere WissenschaftlerInnen.

[55] Maasen, Wissenssoziologie, 45.

[56] Bröckling, Selbst, 24f.

[57] A. a. O. 4 (so auch der Klappentext des Buches).

[58] A. a. O.

misierten Identitätskonstruktionen verbundenen Gefahren. Durch die permanente imperativische Anrufung eines *unternehmerischen* Selbst, das nie in sich ruhen darf, sondern gehalten ist, immer zu einer weiter optimierten Form auf dem Weg zu bleiben, entsteht eine Mentalität struktureller Selbstüberforderung: »Der Katalog von Schlüsselqualifikationen, wie ihn die Ratgeberliteratur gleichermaßen postuliert und zu vermitteln verspricht, muss selbst den ehrgeizigsten Selbstoptimierer vor unlösbare Aufgaben stellen. Die strukturelle Überforderung ist gewollt, erzeugt sie doch jene fortwährende Anspannung, die den einzelnen niemals zur Ruhe kommen lässt ...«[59] Das durchaus auch positive Leitbild einer aktiven Selbstgestaltung, das dem Autonomieideal entspringt, offenbart in dieser von Bröckling wissenssoziologisch offengelegten Sinnstruktur zugleich seine pathologischen, seine »dunklen« Seiten: »Je klarer sich im Fortgang die Konturen des unternehmerischen Selbst abzeichneten, desto deutlicher traten auch seine dunklen Seiten hervor: die Unabschließbarkeit der Optimierungszwänge, die unerbittliche Auslese des Wettbewerbs, die nicht zu bannende Angst vor dem Scheitern.«[60] An dieser Stelle kann eine kritische Korrelation zwischen den mit Bröckling diagnostizierten derzeitigen »Selbst- und Weltverständigungen« (Werbick) des *unternehmerischen Selbst* und einem Grundwort der christlichen »Glaubenszeugnisse« (Werbick), *Gnade*, ansetzen.

»Im Licht des Evangeliums deuten.« Kontrastiver gnadentheologischer Impuls

Als theologischer Gegenpol – im Sinne einer kritischen Korrelation – zur Diagnose des unternehmerischen Selbst lässt sich das christliche Grundkonzept der Gnade aufrufen, dem eine alternative Anthropologie zugrunde liegt.[61] Etymolo-

---

[59] A. a. O. 70f. Die Pathologie, die dem »Ideal« des unternehmerischen Selbst entspricht, ist das Burnout-Symptom. Vgl. Sighart Neckel/Greta Wagner (Hg.), Leistung und Erschöpfung. Burnout in der Wettbewerbsgesellschaft, Frankfurt a. M. 2014².

[60] Bröckling, Selbst, 17.

[61] Dies kann hier freilich nur in einer starken Elementarisierung der Gnadenidee angedeutet werden. Vgl. etwas ausführlicher zur (gesellschaftssensiblen) Gnadentheologie Ansgar Kreutzer, Induktive Gnadenlehre. Die theologische Bedeutung der Erwerbsarbeit, in: Ders., Politische Theologie für heute. Aktualisierungen und Konkretionen eines theologischen Programms, Freiburg 2017, 242–256; Ders., Gnade für das »unternehmerische Selbst«. Theologische Kritik der überzogenen Leistungsgesellschaft, in: A. a. O. 271–284; Ders., Gnade und (Arbeits-)Gesellschaft. Zeitgenössische Gnadentheologie im sozialen Kontext, in: ThPh 92 (2017) [im Erscheinen].

gisch abgeleitet und auf seinen theologischen Grundbestand reduziert bezeichnet die vom Althochdeutschen »*ganada*« (= Wohlwollen/Gunst) abgeleitete theologische Idee der Gnade die »sich frei und absolut ungeschuldet dem Menschen zuwendende Zuneigung Gottes«[62]. Entscheidend für unseren Kontext ist – im Vergleich zur Handlungslogik des unternehmerischen Selbst – der außerhalb der ökonomischen Logik angesiedelte Charakter von Gnade. Geht es beim Identitätskonstrukt des unternehmerischen Selbst um die stetig fortzusetzende Weiterentwicklung des Selbst durch das Selbst, so liegt der Vorstellung »gnadenhafter Zuwendung« eine andere Identitätslogik zugrunde. Das wichtigste Attribut der *gnadenhaften* Zuwendung ist deren gerade nicht selbst verdienter, bewirkter oder immer wieder zu bewirkender, sondern vielmehr ihr *geschenkhafter* Charakter.[63] Der – hier freilich nur idealtypisch im Sinne einer kritisch-korrelativen Theologie angedeutete – Kontrast von Sinnstrukturen des unternehmerischen Selbst zu Sinnstrukturen der Gnadenanthropologie lässt sich ebenfalls mit der von Bröckling rhetorisch genutzten grammatikalischen Metaphorik erläutern:

Dominiert in Anthropologie und Identitätslogik des unternehmerischen Selbst ein stetig an sich selbst gerichteter, letztlich nicht zu erfüllender, damit strukturell selbstüberfordernder *Imperativ*, so lässt sich die Gnadenidee mit einem *Indikativ* des unverdienten, ja unverdienbaren und geschenkten Bejahtseins (durch Gott) identifizieren. Der Selbstherstellung von Identität in der Sinnstruktur des unternehmerischen Selbst lässt sich idealtypisch die geschenkte und zugesagte Identität einer gnadengeleiteten Anthropologie gegenüberstellen. Zwar kennt auch die theologische Gnadenidee die der Gnade *folgende* »Umkehr« und die der Gnade *folgenden* »Werke«, also persönliche Veränderung und Aktivität. Allerdings sind in einem gnadengeleiteten Identitätskonstrukt die Aktivitäten und

---

[62] So die erste lexikalische Umschreibung von »Gnade« nach Herbert Vorgrimler, Gnade, in: Ders., Neues Theologisches Wörterbuch, Freiburg 2000³, 239–243, hier: 239. In ähnlichem Duktus formuliert z. B. Bernd Jochen Hilberath in seinem Handbuch-Artikel den Grundgedanken der Gnadentheologie: »Gnade kennzeichnet die Selbstmitteilung des dreieinigen Gottes als frei gewährte, unverdiente und nicht verdienbare. Genau darin besteht das unaufgebbare biblische Erbe, das in der Theologiegeschichte nie völlig vergessen, wenn auch gelegentlich entstellt wurde.« Bernd Jochen Hilberath, Gnadenlehre, in: Theodor Schneider (Hg.), Handbuch der Dogmatik, Bd. 2, Düsseldorf 2000, 3–46, hier: 36f. Semantisch auffällig ist, wie Hilberath zur Kennzeichnung von Gnade das ökonomisch konnotierte »verdienen« negiert (»unverdient«, »nicht verdienbar«).

[63] Auch im Artikel Gnade/Gnadentheologie von Margit Eckholt (Dies., Gnade/Gnadentheologie, in: Wolfgang Beinert/Bertram Stubenrauch (Hg.), Neues Lexikon der katholischen Dogmatik, Freiburg 2012, 274–283) wird etwa von Gnade als »Geschenk Gottes« (a. a. O. 274) gesprochen. In ihrer gnadentheologischen Anthropologie sieht Eckholt insgesamt zwei Pole, die zusammengehören und »je neu aufeinander zu beziehen« sind: »Auf der einen Seite ist der Mensch in seinem Freiheits- und Existenzvollzug, auf der anderen Seite die ungeschuldete Gabe der Liebe Gottes in den Blick zu nehmen« (a. a. O. 281).

Neuausrichtungen der *vorhergehenden* Identitätszusage unter- und nachgeordnet, sind sie Folge und nicht Bedingung einer (im Glauben angenommenen) Bejahung des Menschen (durch Gott). Gerade ein solches aus Sicht des Glaubens nicht verlierbares, identitätsstabilisierendes Bejahtsein ermöglicht jedoch die Annahme *und* die (verändernde) Gestaltung seiner selbst: »Der Glaube daran, vorbehaltlos angenommen zu sein, ermöglicht es, sich den eigenen Schatten zu stellen und sich doch nicht darauf festgelegt zu wissen.«[64] Angesichts des von Bröckling aufgewiesenen destabilisierenden Charakters eines einseitig »unternehmerisch« ausgerichteten Selbstverhältnisses, das uns in den ebenso unspektakulären wie omnipräsenten Lebens- und Berufsratgebern alltagskulturell (und damit oft unhinterfragt) als dominantes »Regime des Selbst« begegnet, entfaltet eine gnadeninduzierte Anthropologie, die das »indikativische« Bejahtsein der Existenz *vor* den imperativischen und zur Pathologie neigenden Selbstoptimierungszwang stellt, ein erhebliches humanes Potenzial, das sich lohnte, in individuelle und politische Ethiken einzuspeisen.[65]

Schlussbemerkungen: Theologische Zeitgenossenschaft und Interkulturelle Theologie

Die hier nur skizzenhaft durchgeführte Korrelation der wissenssoziologischen Diagnose eines unternehmerischen Selbst und der (impliziten) Anthropologie des christlichen Grundwortes Gnade sollte der vorgeschlagenen Methodologie einer theologischen Zeitgenossenschaft exemplarische Anschauung verleihen. Sie versteht sich als konkretisierende Aufnahme des konziliaren Programmwortes von den Zeichen der Zeit, das in einer kritischen Korrelation von Selbst- und Weltverständnissen einerseits und Glaubensbeständen andererseits methodisch umgesetzt werden kann. Sie bedient sich zur methodischen Professionalisierung des Instrumentariums der Wissenssoziologie. Die damit skizzierte Methodologie theologischer Zeitgenossenschaft weist m. E. auch Bezüge zum Projekt einer Interkulturellen Theologie auf (die zugleich den Publikationskontext dieser Ausführungen darstellt). Daher sollen abschließend Parallelen und Affinitäten zwi-

---

[64] Eva-Maria Faber, Du neigst dich mir zu und machst mich groß. Zur Theologie von Gnade und Rechtfertigung, Regensburg 2005, 45.
[65] Dies wird ausgeführt in Kreutzer, Gnade für das »unternehmerische Selbst«.

schen der Methodologie theologischer Zeitgenossenschaft und Interkultureller Theologie angedeutet werden:[66]

(1) Zu Beginn der Überlegungen zur theologischen Methodologie wurde auf deren Passgenauigkeit zu einer *(selbst)reflexiven und (selbst)kritischen Mentalität*, die den Sozialstrukturen einer individualisierten Gesellschaft entspricht, verwiesen. Eine solch »detektivische Haltung« (vgl. Beck) ist Ursprung und Grundmotiv jeder Methodologie, verstanden als »Nachdenken des Nachdenkens über sich«. Durch einen hohen Grad an Selbstreflexivität ist auch das im Aufbau begriffene Projekt der Interkulturellen Theologie gekennzeichnet, wie es etwa von K. Hock charakterisiert wird. Hock beginnt seine Einführung in die Interkulturelle Theologie im Duktus der Selbstbe- und -hinterfragung: Der ersten Grundsatzfrage »Interkulturelle Theologie – was ist das eigentlich?«[67] lässt er weitere sieben Fragen folgen, etwa zur wissenschaftlichen Verortung, zur Methode, zur Historie (»Missionswissenschaft«), zu interdisziplinären Verhältnissen oder zur Selbstbestimmung der Disziplin, die noch in Gang ist. Hock spricht von einer »notwendige[n], noch ausstehende[n] wissenschaftstheoretische[n] Begründung, wissenschaftssystematische[n] Grundlegung und institutionenpolitische[n] Verortung Interkultureller Theologie«[68], von der »Reflexion auf ihre eigenen sozialen, geschichtlichen und kulturellen Verortungen«[69]. Offenbar weist die Interkulturelle Theologie damit eine hohe Affinität zu Meta- und Selbstreflexivität und methodologischen Grundfragen auf.[70] Imponierend und vorbildhaft für jede theologische Methodologie ist der *selbst*kritische Duktus, mit dem die Interkulturelle Theologie ihre wissenschaftliche Selbstreflexion betreibt.[71]

---

[66] Ich beziehe mich für die Interkulturelle Theologie dabei beispielhaft auf die instruktive Einführung in Klaus Hock, Einführung in die Interkulturelle Theologie, Darmstadt 2011. Dabei beansprucht Hock nicht, »das gesamte Aufgabengebiet Interkultureller Theologie in seiner ganzen Breite und Tiefe vorzustellen« (a. a. O. 12). Dennoch ist in dem aspektreichen Überblick Hocks zu Geschichte und Gegenwart dieses innovativen und im Aufbau befindlichen Faches implizit »eine programmatische Perspektive angelegt«. (a. a. O.).

[67] Hock, Einführung, 9.

[68] A. a. O. 10.

[69] A. a. O. 149.

[70] Dies wird ja auch durch das Forschungskolloquium belegt, das den ursprünglichen Rahmen dieser methodologischen Überlegungen darstellt (vgl. FN 1).

[71] Vor diesem Hintergrund der notwendigen theologischen Selbstkritik und im Sinne einer wechselseitig-kritischen Korrelation sollten nicht nur gängige Plausibilitäten aus den christlichen Glaubenstraditionen heraus kritisch hinterfragt werden, sondern auch umgekehrt: Bestehende Glaubensbestände müssen sich von derzeitigen Plausibilitäten ebenso kritisch hinterfragen lassen. In unserem Beispiel einer wechselseitig-kritischen Korrelation von »unternehmerischem Selbst« und »Gnade« ließe sich etwa der

(2) Eine zweite Affinität zwischen der skizzierten Methodologie theologischer Zeitgenossenschaft und der Interkulturellen Theologie besteht in ihrem *strikten Kontextbezug*. Die hier entfaltete Methodologie des Programmworts »Zeichen der Zeit«, die in Anlehnung an Werbick skizzierte Methodologie einer kritischen Korrelation und der Rückgriff auf die Plausibilitätsstrukturen erhebende Wissenssoziologie sind konstitutiv auf ihre historischen, sozialen und kulturellen Kontexte bezogen. Die Betonung eigener Kontextualität zieht sich auch leitmotivartig durch Hocks Einführung in die Interkulturelle Theologie. So spricht er im Hinblick auf seine Fachdisziplin z. B. von einer »radikale[n] Kontextualität«[72], von »Kontextualität und kulturelle[r] Gebundenheit«[73] und präzisiert diese: »Interkulturelle Theologie wird dabei als theologische Disziplin innerhalb eines spezifischen Kontextes entfaltet und erscheint entsprechend in ihrem nordatlantischen oder genauer: (zentral)europäischen Modus.«[74] Aufgrund dieser Kontextsensibilität könnte auch für eine Interkulturelle Theologie das differenzierte und auf unterschiedliche Ansätze verteilte *Methodenreservoir der Wissenssoziologie*, etwa die Erhebung und Kritik von Plausibilitätsstrukturen, die Identifizierung und Demaskierung von Ideologien oder die Rekonstruktion von in Machtstrukturen verwobenen Denkweisen und Selbsttechnologien (»Gourvernementalitäten«, M. Foucault) instruktiv sein. Zugleich lernt eine Theologie der Zeichen der Zeit für ihre Kontextanalysen von der Interkulturellen Theologie die zunehmende Bedeutung von Interkulturalität, von »neuen Formen der Hybridisierung, der Kreolisierung, des Transkulturellen«[75] und von Globalität, der Bedeutung der »Transformationsprozesse im globalen Christentum und ihre Auswirkungen auf Europa«[76].

(3) Auch im Hinblick auf das hier gewählte Beispiel einer theologischen Zeitgenossenschaft, der *theologischen Kritik an einer »Überökonomisierung«* von Lebensführung und Identitätsbildung, die Bröckling auf das Schlagwort des unternehmerischen Selbst bringt, zeigen sich Parallelen und wechselseitige Inspirationen einer Theologie der Zeichen der Zeit und Interkultureller Theologie. Die

---

offene oder versteckte Paternalismus, welcher Diskurs und Praxis von Gnade im christlichen Kontext auch durchzieht, von einem auch aus christlicher Sicht berechtigten Autonomieideal aus kritisieren und korrigieren.
[72] Hock, Einführung, 11.
[73] A. a. O.
[74] A. a. O. 12.
[75] A. a. O. 149.
[76] So der Titel eines Sonderheftes der Berliner Theologischen Zeitschrift von 2010, zit. nach a. a. O.

Interkulturelle Theologie, wie Hock sie kennzeichnet, lenkt ihre Aufmerksamkeit ebenso auf wirtschaftliche Sphären, besonders im globalen Maßstab, und auf die damit verbundenen (sozial)ethischen Herausforderungen. Hock hält das konstitutiv sozialethische Interesse der Interkulturellen Theologie fest: »Interkulturelle Theologie ist in besonderer Weise mit Themen konfrontiert, die unter dem Oberbegriff ›Gerechtigkeit‹ erfasst werden können …«[77] Er betont die Bedeutung von Armut und Armutsbekämpfung für die (Interkulturelle) Theologie[78] und kritisiert – als Langzeitwirkung der Kolonialisierung – weltwirtschaftliche Schieflagen, die das Zusammenleben von Menschen und Religionen massiv beeinflussen. Interkulturelle Theologie (nach Hock) ist sensibilisiert für eine weltweit entfesselte und von politischer Kontrolle zunehmend losgelöste (Finanz-)Wirtschaft und deren inhumanen und ökologisch schädlichen Folgen: Eine »beschleunigte Globalisierung der letzten Jahre insbesondere im Bereich der internationalen Finanzmärkte [hat] dazu geführt, dass für eine größere Gruppe von Entwicklungsländern die Probleme enorm gewachsen sind – verstärkt durch die ökologische Krise, da die ärmsten Länder in besonderer Weise vom Klimawandel betroffen sind«.[79]

Klaus Hock kennzeichnet die Interkulturelle Theologie als eine theologische Disziplin auf dem Weg, die »ihre große Zeit noch vor sich hat«, als ein bleibend offenes, »generatives Projekt«.[80] Die angedeuteten Affinitäten zwischen Interkultureller Theologie und der hier umrissenen Methodologie theologischer Zeitgenossenschaft könnten im Sinne einer wechselseitig sich befördernden »generativen« Weiterentwicklung zu gegenseitigen Inspirationen und Kombinationen einladen.

(Univ.-Prof. Dr. Ansgar Kreutzer ist Professor für Fundamentaltheologie und Dogmatik an der Katholischen Privat-Universität Linz)

---

[77] A. a. O. 121.
[78] Vgl. zu Gerechtigkeit und Armut, a. a. O. 121–124.
[79] A. a. O. 126.
[80] A. a. O. 150.

ABSTRACT

The text starts with the findings that the scientific self-reflection of theology as *methodology* is gaining a renewed actuality and relevance given the self-determined and critical dealings with religion. Against this backdrop the »signs of the times« which were programmatically deployed by Vatican II and are still frequently invoked today will be methodologically deepened. In order to do that a method of critical correlation between the Christian faith and contemporary culture is suggested which can be further specified by a theological reception of the sociology of knowledge. This outlined methodology of a so-called »theological contemporaneity« will be paradigmatically exemplified by an updated Christian theology of grace in light of today's societal challenges. Finally this methodology of a »theological contemporaneity« will be related to the project of an intercultural theology.

Interkulturelle Theologie im Licht entwicklungstheoretischer Forschung

Franz Gmainer-Pranzl

»Das Fach ›Interkulturelle Theologie‹ (IT) bewegt sich auf der Schnittstelle von Religions-, Sozial- und Kulturwissenschaften, (interkultureller) Philosophie und (systematischer) Theologie, setzt sich wechselseitigen Lernprozessen mit Diskursen in einer globalisierten Welt aus und bringt ein hochdifferenziertes Problembewusstsein in den ›klassischen‹ theologischen Fächerkanon ein«, umschrieb der Programmfolder des Forschungskolloquiums »Methoden interkultureller Theologie« (10.–12. 12. 2015) in Frankfurt am Main das Selbstverständnis – und zugleich die Herausforderung – interkultureller Theologie.[1] Insofern sie sich Lernprozessen in einer »globalisierten Welt« stellt, exportiert Interkulturelle Theologie – die eigentlich ein Bündel von Arbeitsbereichen und Problemfeldern darstellt[2] – nicht Wissensinhalte, Ansätze und Methoden in andere geographische Regionen, gesellschaftliche Lebensbereiche oder akademische Kontexte, sondern öffnet sich für das, was ihr andere zu sagen haben.[3] Nicht die Bestim-

---

[1] Vgl. www.sbg.ac.at/syt/Events/2015-IWM-MiT-Folder-web.pdf.

[2] Diese Arbeitsfelder habe ich als (1) kontextuelle Theologien, (2) interkulturell-theologische Erkenntnislehre, (3) komparative Theologie und (4) Religionstheologie zu umschreiben versucht; vgl. Franz Gmainer-Pranzl, »Theologie Interkulturell«: Diskurs des Christlichen im Horizont des Globalen. Forschungsstand – Arbeitsbereiche – neue Perspektiven, in: Franz Gmainer-Pranzl / Beate Kowalski / Tony Neelankavil (Hg.), Herausforderungen Interkultureller Theologie (Beiträge zur komparativen Theologie, Band 26), Paderborn 2016, 11–32; bes. 13f.

[3] Diese Perspektive kennzeichnet etwa das Projekt »Theologie interkulturell« am Fachbereich Katholische Theologie der Goethe-Universität Frankfurt am Main von Anfang an: »Theologie auf interkulturelle Weise treiben heißt einerseits, das zu denken, was *fremde* Erfahrungen mit dem Evangelium, also kulturell anders bestimmte Christen und Gemeinden, uns zu denken geben. Und andererseits bedeutet es, bei unserer theologischen Arbeit immer mit zu bedenken, was unsere Erfahrungen mit dem Evangelium kulturell anders bestimmten Christen und Gemeinden zu denken geben« (Hans Kessler / Hermann P. Siller, Vorwort zur Reihe »Theologie interkulturell«, in: Bénézet Bujo, Afrikanische Theologie in ihrem gesellschaftlichen Kontext [Theologie interkulturell, Band 1], Düsseldorf 1986, 9–16; 12).

mung des Anderen, sondern die Entgrenzung des Eigenen charakterisiert »Interkulturelle Theologie« – eine Einsicht, die nicht bloß Appell bleiben soll, sondern methodologische Konsequenzen haben muss.

Für die katholische Theologie und Kirche kamen dieser neue Habitus bzw. diese neue Ortsbestimmung theologischen Denkens in der Rekonstruktion eines welt-kirchlichen Bezugs zum Ausdruck. Das Charakteristische des »Weltkirchlichen« besteht jedoch nicht in einer Dynamik internationaler Expansion, in der sich die Kirche gleichsam »die Welt« einverleibt, sondern in jener eigentümlichen Zumutung, sowohl ein »Volk aus allen Völkern« (als »Kirche *aus* der Welt«) als auch eine »Kirche um der Menschen willen« (als »Kirche *für* die Welt«) zu sein. Das Vorwort der Pastoralkonstitution *Gaudium et spes* (GS) stellt den »weltlichen«/globalen Bezug der Kirche als entscheidenden theologischen Anspruch heraus, insofern gemäß der bekannten Eingangsformulierung dieses Dokumentes die »Freude und Hoffnung, Trauer und Angst der Menschen dieser Zeit« (GS 1) nicht in einen »christlichen« und »außerchristlichen« Bereich aufzuteilen ist.[4] Die an Christus Glaubenden erfahren sich »mit dem Menschengeschlecht und seiner Geschichte wirklich innigst verbunden« (GS 1), weshalb sich das Konzil »an alle Menschen« (GS 2) wendet – also nicht bloß an das eigene Milieu, in dem der kirchlichen Verkündigung ohnehin Wohlwollen und Aufmerksamkeit entgegengebracht wird, sondern auch an die vielen Menschen außerhalb des vertrauten Bereichs. Es ist »die Welt der Menschen […] bzw. die gesamte menschliche Familie mit der Gesamtheit der Wirklichkeiten, unter denen sie lebt« (GS 2), die der konziliaren Kirche vor Augen steht. Diese Menschheitsfamilie nimmt die technischen Fortschritte und neuen Möglichkeiten wahr, beschäftigt sich aber auch »mit ängstlichen Fragen nach der heutigen Entwicklung der Welt, nach Stellung und Aufgabe des Menschen im gesamten Erdkreis […]« (GS 3). Dieser Blick auf das aktuelle Weltgeschehen ist nicht bloß als rhetorische Einleitung gemeint, die einer traditionellen kirchlichen Stellungnahme einige aufmerksamkeitsheischende Formulierungen vorausschickt, die Zeitgemäßheit oder Weltoffenheit suggerieren sollen, sondern als Konsequenz einer neuen Haltung von Theologie und Kirche, die *Gaudium et spes* selbst als »Verbundenheit, Achtung und Liebe gegenüber der ganzen Menschenfamilie« (GS 3) bezeichnet. Die Fähigkeit, sich der »gesamten Menschheitsfamilie« zuzuwenden

---

[4] Text im Folgenden zitiert nach: Peter Hünermann (Hg.), Die Dokumente des Zweiten Vatikanischen Konzils. Konstitutionen, Dekrete, Erklärungen. Lateinisch-deutsche Studienausgabe (Herders Theologischer Kommentar zum Zweiten Vatikanischen Konzil, Band 1), Freiburg i. Br. 2004, 593–595.

– in heutiger Sprache: global zu denken und zu handeln –, wird zum Kriterium der Glaubwürdigkeit der Kirche und der Bewährung ihrer Botschaft. In gewisser Weise könnte *Gaudium et spes* als Geburtsstunde interkultureller Theologie angesehen werden: nicht nur durch die explizite Auseinandersetzung mit Interkulturalität, wie sie etwa in Kapitel 44 erfolgt,[5] sondern vor allem durch den konsequenten Bezug auf »die Menschen dieser Zeit« in den globalen politischen, ökonomischen und kulturellen Lebenszusammenhängen.[6]

Ein solches Bemühen um einen Dialog mit den gegenwärtigen Menschen in unterschiedlichen gesellschaftlichen und kulturellen Kontexten hat für die Theologie methodologische Konsequenzen. Der Bezug auf »die Menschheitsfamilie« stellt nicht nur ein neues Thema theologischen Denkens dar, sondern verändert die Art und Weise, wie der »Logos christlicher Hoffnung« (1 Petr 3,15) verantwortet wird. Theologie, so die These dieses Beitrags, kann ihre – von der transformativen und entgrenzenden Dynamik des Evangeliums inspirierte – »interkulturelle Logik« besser mit den realen Herausforderungen der gegenwärtigen globalen Lage vermitteln, wenn sie sich ernsthaft mit den Einsichten der entwicklungstheoretischen Forschung auseinandersetzt. Diese interdisziplinäre Lernerfahrung, die der theologischen Reflexion ein differenzierteres Problembewusstsein sowie einen empirisch anschlussfähigeren Zugang zur politischen, ökonomischen und sozialen Lage der gegenwärtigen Weltgesellschaft ermöglicht, muss Eingang in die interkulturell-theologische Arbeit und Theoriebildung finden. Einige Aspekte dieser Aufgabe, deren Erfüllung erst am Anfang steht, möchte dieser Beitrag skizzieren, indem er (1) wichtige Forschungsfragen der Entwicklungstheorie vorstellt, (2) gemeinsame Anliegen von interkultureller Theorie und Entwicklungstheorie benennt und daraus (3) methodische Konsequenzen für die interkulturell-theologische Arbeit zieht.

---

[5] Vgl. Judith Gruber, Kirche und Kultur. Eine spannungsvolle Identifizierung im Anschluss an *Gaudium et spes*, in: Franz Gmainer-Pranzl / Magdalena Holztrattner (Hg.), Partnerin der Menschen – Zeugin der Hoffnung. Die Kirche im Licht der Pastoralkonstitution *Gaudium et spes* (Salzburger Theologische Studien, Band 41), Innsbruck 2010, 301–322; Robert Schreiter, Zur Bereicherung sowohl der Kirche wie der verschiedenen Kulturen, in: Mariano Delgado / Michael Sievernich (Hg.), Die großen Metaphern des Zweiten Vatikanischen Konzils. Ihre Bedeutung für heute, Freiburg i. Br. 2013, 251–266.

[6] Vgl. Helmut Hoping, Die Kirche im Dialog mit der Welt und der sapientiale Charakter christlicher Lehre. Pragmatik und Programmatik des II. Vatikanums im Kontext der Globalisierung, in: Peter Hünermann (Hg.), Das II. Vatikanum – christlicher Glaube im Horizont globaler Modernisierung. Einleitungsfragen (Programm und Wirkungsgeschichte des II. Vatikanums, Band 1), Paderborn 1998, 83–99; Erik Borgman, »Gaudium et spes«: Die vergessene Zukunft eines revolutionären Dokuments, in: Concilium 41 (2005) 388–397; Stefan Nacke, Die Kirche der Weltgesellschaft. Das II. Vatikanische Konzil und die Globalisierung des Katholizismus, Wiesbaden 2010.

1. Perspektiven und Fragen der Entwicklungstheorie

Die Entwicklungstheorie gehört zu jenen Wissenschaftsdisziplinen, die nicht gerade im Zentrum der öffentlichen Wahrnehmung stehen. Auch wenn entwicklungspolitische Anliegen gelegentlich Aufmerksamkeit finden – nicht zuletzt angesichts der großen Flüchtlingsbewegungen nach Österreich und Deutschland im Spätsommer 2015 bzw. der anhaltenden Migration von Afrika nach Europa[7] – und Erfahrungen aus dem Bereich der Entwicklungszusammenarbeit durchaus auf Interesse stoßen,[8] scheint Entwicklungstheorie eine nahezu unbekannte Wissenschaft zu sein. Entwicklungstheoretische Diskurse sind, wie eine repräsentative Forschergruppe vor wenigen Jahren festhielt, auf drei Ebenen anzusiedeln: »Als Aussagen über weltgesellschaftliche Transformationsprozesse, als Betrachtungen von veränderten Kooperationsformen und -grundlagen im (enger gefassten) Bereich der Entwicklungspolitik sowie als kritische Reflexion über Entwicklungsforschung insgesamt, deren Annahmen, Inhalte und Methodologie.«[9] Die Proklamation der »Nachhaltigen Entwicklungsziele« (*Sustainable Development Goals*) durch die UNO Ende September 2015 beschäftigte für kurze Zeit eine interessierte Öffentlichkeit, vor allem Fragen der Ökologie und der sozialen Gerechtigkeit betreffend;[10] ein signifikantes Ansteigen des Interesses an entwicklungstheoretischen Problemstellungen bewirkte jedoch auch dieses Ereignis nicht – dabei werden in der Auseinandersetzung, die die Entwicklungstheorie führt, tatsächlich entscheidende Herausforderungen der Zukunft für die gesamte Menschheit verhandelt.

[7] Vgl. die Analyse von Asfa-Wossen Asserate, Die neue Völkerwanderung. Wer Europa bewahren will, muss Afrika retten, Berlin 2016, 149–186.
[8] Vgl. Jörg Faust / Susanne Neubert (Hg.), Wirksamere Entwicklungspolitik. Befunde, Reformen, Instrumente (Entwicklungstheorie und Entwicklungspolitik, Band 8), Baden-Baden 2010; Friedbert Ottacher/ Thomas Vogel, Entwicklungszusammenarbeit im Umbruch. Bilanz – Kritik – Perspektiven. Eine Einführung, Frankfurt am Main 2015.
[9] Cord Jakobeit u. a., Entwicklungstheorien: weltgesellschaftliche Transformationen, entwicklungspolitische Herausforderungen, theoretische Innovationen, in: Franziska Müller u. a. (Hg.), Entwicklungstheorien. Weltgesellschaftliche Transformationen, entwicklungspolitische Herausforderungen, theoretische Innovationen (Politische Vierteljahresschrift, Sonderheft 48), Baden-Baden 2014, 5–40; 5.
[10] Vgl. oekom e. V. – Verein für ökologische Kommunikation / Deutsche Gesellschaft für Internationale Zusammenarbeit (Hg.), Nachhaltige Entwicklungsziele. Agenda für eine bessere Welt? München 2015; Michael Obrovsky, Von den Millennium Entwicklungszielen zu den globalen Nachhaltigkeitszielen. Zur Neuausrichtung einer globalen, nachhaltigen Entwicklung, in: Franz Gmainer-Pranzl / Anita Rötzer (Hg.), Zukunft entwickeln. Dokumentation der 15. Entwicklungspolitischen Hochschulwochen an der Universität Salzburg 2015 (Salzburger interdisziplinäre Diskurse, Band 8), Frankfurt am Main 2017, 101–114.

Schon der Begriff »Entwicklung«, der bekanntlich auf die Antrittsrede des wiedergewählten US-Präsidenten Harry S. Truman am 20. Jänner 1949 zurückgeht,[11] impliziert global relevante Zuordnungen von Zentrum und Peripherie sowie geschichtsphilosophische Konzeptionen mit einer linearen, teleologischen Logik, wie sie – als »Evolutionismus« – auch die Anfänge der religionswissenschaftlichen Forschung prägte.[12] In der Bedeutungsveränderung, die das Konzept »Entwicklung« in den vergangenen Jahrzehnten erfuhr,[13] spiegelt sich ein einschneidender Perspektivenwechsel wieder: es ist nicht mehr die »Erste Welt«, die der »Dritten Welt« (den sogenannten »Entwicklungsländern«) Sinn und Ziel der technologischen, kulturellen, sozialen und politischen »Entwicklung« vorgibt, sondern *alle* Gesellschaften dieser Welt haben sich auf gerechtere, gesündere, solidarischere und demokratischere Lebensverhältnisse hinzuentwickeln. Entwicklungspolitik ist nicht mehr die paternalistische Unterstützung der »armen Länder« (im Sinn einer »Entwicklungshilfe«), sondern eine Form der Partnerschaft, die auch dem globalen Norden wertvolle Impulse gibt.[14] Und Entwicklungstheorie versteht sich dementsprechend nicht als eine einheitliche Erklärung »der Welt«, sondern als ein Bündel unterschiedlicher Theorien, die von verschiedenen politischen, ökonomischen, kulturellen und anthropologischen Vorstellungen ausgehen und globale Wechselwirkungen je anders interpretieren.[15]

Zentrale Themenfelder entwicklungstheoretischer Analysen sind das Verständnis von *Globalisierung*, das immer noch vom Konzept einer weltweiten

---

[11] Konkret ging es im damaligen Kontext des »Kalten Kriegs« um eine politische Strategie zur Überwindung der Armut, um die betreffenden Länder von einer Hinwendung zum Kommunismus abzuhalten: »What we envisage is a program of development based on the concepts of democratic fair dealing« (zitiert nach: Karin Fischer / Gerald Hödl / Christof Parnreiter, Entwicklung – eine Karotte, viele Esel? In: Karin Fischer u. a. [Hg.], Entwicklung und Unterentwicklung. Eine Einführung in Probleme, Theorien und Strategien [Gesellschaft – Entwicklung – Politik, Band 3], Wien ⁴2010, 13–54; 15).

[12] Vgl. Roland Mischung, Religionsethnologie, in: Bettina Beer / Hans Fischer (Hg.), Ethnologie. Einführung und Überblick, Berlin ⁸2013, 213–236. – Mischung spricht mit Blick auf die Theorien zur Entstehung von Religion, wie sie im späten 19. Jahrhundert entwickelt wurden, von einem »vom Evolutionismus geprägten Zeitgeist« (ebd., 221).

[13] Vgl. Andreas J. Obrecht, Von »Entwicklung« zur lösungsorientierten Analyse »globaler Herausforderungen« – ein Nachwort, in: Ders. (Hg.), Wissen und Entwicklung II. Ein Reader zu Theorie und Empirie in der Entwicklungsforschung. Texte zum Nachwuchspreis der Kommission für Entwicklungsforschung (KEF) (Schriftenreihe der OeAD-GmbH, Band 6), Innsbruck 2014, 75–81.

[14] Vgl. Michael Schönhuth, Entwicklungszusammenarbeit, in: Fernand Kreff / Eva-Maria Knoll / André Gingrich (Hg.), Lexikon der Globalisierung, Bielefeld 2011, 57–60. – Ziel der Entwicklungszusammenarbeit ist für Schönhuth »der langfristige Abbau weltweiter Gefälle im Bereich allgemeiner und sozioökonomischer Lebensbedingungen« (ebd., 57).

[15] Vgl. die umfangreiche Übersicht bei Lukas Schmidt / Sabine Schröder (Hg.), Entwicklungstheorien. Klassiker, Kritik und Alternativen (Gesellschaft – Entwicklung – Politik, Band 17), Wien 2016.

Expansion westlicher Wirtschafts-, Politik- und Kulturmodelle geprägt ist, anstatt »Globalität« als Anspruch zu begreifen, der alle Gesellschaften zu grenzüberschreitenden Kommunikations-, Austausch- und Lernprozessen herausfordert;[16] die Analyse *(neo-)kolonialer Machtverhältnisse*, die Gruppen, Gesellschaften und ganze Länder in Abhängigkeit halten oder so beeinflussen, dass etwa faire Handelsbeziehungen oder eine kritische Auseinandersetzung mit der eigenen Geschichte unmöglich werden;[17] eine kritische Auseinandersetzung mit den Bedingungen und Zielen von *Bildung*, die nicht einfach an den Interessen der ökonomisch und politisch Tonangebenden ausgerichtet werden soll, sondern wesentlich auch kritisches Orientierungswissen, soziale Kompetenz und emanzipatorisches Potential vermitteln soll;[18] ein intersektional und global orientierter Ansatz von *Genderforschung*, der vor allem jene Diskriminierungs- und Exklusionsdynamiken, von denen Frauen in unterschiedlichen Gesellschaften betroffen sind, in den Blick nimmt;[19] und schließlich auch die Rolle von *Religion* im

---

[16] Vgl. Gerald Faschingeder / Nikola Ornig (Hg.), Globalisierung ent-wickeln. Eine Reflexion über Entwicklung, Globalisierung und Repolitisierung (Gesellschaft – Entwicklung – Politik, Band 4), Wien 2005; Joachim Becker u. a. (Hg.), Kapitalistische Entwicklung in Nord und Süd. Handel, Geld, Arbeit, Staat (Gesellschaft – Entwicklung – Politik, Band 9), Wien 2007; Ilker Ataç / Albert Kraler / Aram Ziai (Hg.), Politik und Peripherie. Eine politikwissenschaftliche Einführung (Gesellschaft – Entwicklung – Politik, Band 13), Wien 2011; Axel T. Paul / Alejandro Pelfini / Boike Rehbein (Hg.), Globalisierung Süd (LEVIATHAN. Zeitschrift für Sozialwissenschaft, Sonderheft 26/2010), Wiesbaden 2011; Jean Comaroff / John L. Comaroff, Der Süden als Vorreiter der Globalisierung. Neue postkoloniale Perspektiven (Theorie und Gesellschaft, Band 75), Frankfurt am Main 2012.

[17] Vgl. Birgit Englert / Ingeborg Grau / Andrea Komlosy (Hg.), Nord-Süd-Beziehungen. Kolonialismen und Ansätze zu ihrer Überwindung (Gesellschaft – Entwicklung – Politik, Band 8), Wien ²2009.

[18] Vgl. Österreichische HochschülerInnenschaft / Paulo Freire Zentrum (Hg.), Ökonomisierung der Bildung. Tendenzen, Strategien, Alternativen (Gesellschaft – Entwicklung – Politik, Band 5), Wien 2005; Margarita Langthaler, Bildung im Süden, in: Franz Kolland / August Gächter (Hg.), Einführung in die Entwicklungssoziologie. Themen, Methoden, Analysen (Gesellschaft – Entwicklung – Politik, Band 6), Wien ²2007, 121–139; Gerald Faschingeder / Franz Kolland (Hg.), Bildung und ungleiche Entwicklung. Globale Konvergenzen und Divergenzen in der Bildungswelt (Historische Sozialkunde / Internationale Entwicklung, Band 34), Wien 2015.

[19] Vgl. Irmi Maral-Hanak, Feministische Entwicklungstheorien, in: Fischer u. a. (Hg.), Entwicklung und Unterentwicklung, 177–195; Hanna Hacker, Sex – Gender – Development. Eine Einführung in Diskurse zu »Geschlecht« und »Entwicklung«, in: Kolland / Gächter (Hg.), Einführung in die Entwicklungssoziologie, 191–213; Irmi Maral-Hanak, Gender-Mainstreaming in der österreichischen Entwicklungszusammenarbeit – zur Etablierung frauenpolitischer Planungsinstrumente in Geberorganisationen, in: Bea de Abreu Fialho Gomes / Irmi Maral-Hanak / Walter Schicho (Hg.), Entwicklungszusammenarbeit. Akteure, Handlungsmuster und Interessen (Gesellschaft – Entwicklung – Politik, Band 7), Wien ²2008; 65–87; Petra Purkarthofer, Geschlechterpolitik international. Von »Women in Development« zu Gender Mainstreaming, in: Ataç / Kraler / Ziai (Hg.), Politik und Peripherie, 278–296; Christine M. Klapeer, Intersektionalität statt ein verlegenes *et cetera*. Methodologische Impulse zum Umgang mit der Verwobenheit von ungleichheitsgenerierenden Kategorien, in: Petra Dannecker / Birgit Englert (Hg.), Qualitative Methoden in der Entwicklungsforschung (Gesellschaft – Entwicklung – Politik, Band 15), Wien 2014, 55–74; Dies., Frauen*Un*rechte richten. Zur Bedeutung postkolonial-feministischer Interventionen

Zusammenhang von Globalisierung und Entwicklung, die lange Zeit nur unter säkularisierungstheoretischer Perspektive wahrgenommen wurde.[20]

Entwicklungstheorie – im Schnittfeld politik-, wirtschafts-, sozial-, kultur- und religionswissenschaftlicher Forschung – trägt in erheblichem Maß dazu bei, Zusammenhänge und Spannungen, Wechselwirkungen und Konflikte in der gegenwärtigen Welt zu sichten und interdisziplinär zu analysieren. Was in der theologischen Reflexion oft nur grundsätzlich ins Spiel kommt, wird hier empirisch erforscht und kritisch differenziert: »die Welt« als jener größtmögliche Lebens- und Handlungszusammenhang aller Menschen, der den entscheidenden »Ort« kirchlicher Praxis und theologischer Theorie darstellt. Will »Interkulturelle Theologie« den spezifischen Beitrag ihrer Glaubensverantwortung mit einem Problembewusstsein verbinden, das auf der Höhe der Zeit ist, wird sie nicht umhin können, sich mit wichtigen Forschungsergebnissen entwicklungstheoretischer Arbeit auseinanderzusetzen und ihren eigenen Diskurs im Licht der wissenschaftlichen Methoden und Inhalte der Entwicklungstheorie zu bedenken. Ziel einer solchen Rezeption und wissenschaftlichen Kooperation ist nicht eine Vermischung entwicklungstheoretischer und theologischer Reflexion, sondern eine verbesserte interdisziplinäre Kompetenz und Analysefähigkeit Interkultureller Theologie.

2. Optionen im Schnittfeld von interkultureller Theologie und Entwicklungstheorie

Die Schnittmenge zwischen dem, was die entwicklungstheoretische Forschung und die interkulturell-theologische Verantwortung mit Blick auf die »eine Welt«, in der wir leben, ausmacht, ist in der Tat beeindruckend; drei Beispiele sollen im

für eine kritische Analyse von Menschenrechtspolitiken, in: Aram Ziai (Hg.), Postkoloniale Politikwissenschaft. Theoretische und empirische Zugänge (Edition Politik, Band 27), Bielefeld 2016, 111–130.

[20] Vgl. Gerald Faschingeder / Clemens Six (Hg.), Religion und Entwicklung. Wechselwirkungen in Staat und Gesellschaft (Globalgeschichte und Entwicklungspolitik, Band 4), Wien 2007; Ders., Religion in der globalen Gesellschaft, in: Franz Kolland u. a. (Hg.), Soziologie der globalen Gesellschaft. Eine Einführung (Gesellschaft – Entwicklung – Politik, Band 12), Wien ²2011, 327–354. – Bemerkenswert ist in diesem Zusammenhang die offizielle Stellungnahme: Bundesministerium für wirtschaftliche Zusammenarbeit und Entwicklung (BMZ), Referat Öffentlichkeitsarbeit, digitale Kommunikation und Besucherdienst (Hg.), Religionen als Partner in der Entwicklungszusammenarbeit (BMZ-Papier 02/2016), Bonn 2016 (siehe: https://www.bmz.de/de/mediathek/publikationen/reihen/strategiepapiere/Strategiepapier363_02_2016.pdf).

Folgenden zeigen, wie sehr aktuelle globale Herausforderungen die beiden Disziplinen verbinden und wie fruchtbar Anregungen der Entwicklungstheorie für die interkulturell-theologische Forschung sein können, vor allem für die Auseinandersetzung mit ihrer Methodik und Erkenntnislehre.

(a) Ein erstes Thema, das in gewisser Weise auch Pate stand beim Entstehen des neuen akademischen Fachs »Interkulturelle Theologie«, ist der *globale Süden*, genauer gesagt die geschärfte Aufmerksamkeit dafür, dass die Gesellschaften Afrikas, Asiens, Lateinamerikas und der pazifischen Region nicht mehr bloß eine der europäischen und nordamerikanischen »Hilfe« bedürftige »Dritte Welt« darstellen, sondern zum einen den größten Teil der Welt überhaupt ausmachen, was Bevölkerungszahl und Größe der betreffenden Länder betrifft, und zum anderen einen entscheidenden *locus theologicus* der Glaubenserkenntnis darstellen. Interkulturelle Theologie versteht sich aber nicht nur als Repräsentantin kontextueller Theologien, die den Ortskirchen des globalen Südens ihre Stimme leihen,[21] sondern auch als (selbst-)kritische Anwältin der Menschen, die in Afrika, Asien und Lateinamerika bzw. als Minderheiten oder Migrant_innen in den USA, in Australien oder Europa leben – egal, ob sie einer christlichen Kirche angehören oder nicht. Als Wegbereiter einer solchen Option für die »Menschen des Südens« gilt das Gründungsdokument der Organisation EATWOT,[22] das im August 1976 in Tansania verabschiedet wurde. Dieser Text setzt sich kritisch-differenziert mit der Kolonial- und Missionsgeschichte auseinander, ist sich »des Einflusses von politischen, sozialen, ökonomischen, kulturellen, rassischen[23] und religiösen Bedingungen auf die Theologie bewusst«[24] und bekundet die Bereitschaft, »in der Epistemologie einen radikalen Bruch zu

---

[21] Vgl. den Überblick bei Giancarlo Collet (Hg.), Theologien der Dritten Welt. EATWOT als Herausforderung westlicher Theologie und Kirche (NZM Supplementa, Vol. XXXVII), Immensee 1990; Klaus Hock, Einführung in die Interkulturelle Theologie, Darmstadt 2011, 55–95; Norbert Kößmeier / Richard Brosse (Hg.), Gesichter einer fremden Theologie. Sprechen von Gott jenseits von Europa (Theologie der Dritten Welt, Band 34), Freiburg i. Br. 2006.

[22] Ecumenical Association of Third World Theologians (Ökumenische Vereinigung von Dritte-Welt-Theologinnen und -Theologen).

[23] Der Begriff »rassisch« weist im englischen Sprachgebrauch bekanntlich nicht jene Belastung auf, die er aufgrund der NS-Diktion in der deutschen Sprache hat; heute wäre jedenfalls von »ethnischen« Bedingungen die Rede. Zur Problematik des Rassismus vor allem im entwicklungstheoretischen Kontext vgl. Arno Sonderegger, Rasse und Rassismus im wissenschaftlichen Diskurs: Eine Skizze, in: Bea Gomes / Walter Schicho / Arno Sonderegger (Hg.), Rassismus. Beiträge zu einem vielgesichtigen Phänomen (Gesellschaft – Entwicklung – Politik, Band 10), Wien 2008, 10–26.

[24] Schlusserklärung der Konferenz von Daressalam 1976, in: Von Gott reden im Kontext der Armut. Dokumente der Ökumenischen Vereinigung von Dritte-Welt-Theologinnen und -Theologen 1976–1996 (Theologie der Dritten Welt, Band 26), Freiburg i. Br. 1999, 33–46; 33.

vollziehen, der das Engagement zum ersten Akt der Theologie macht und sich auf eine kritische Reflexion oder die Realitätspraxis der Dritten Welt einlässt«[25] – eine These, die oft zitiert und aufgegriffen wurde.

Die Wahrnehmung der genannten sozio-ökonomischen Bedingungen, die Option für die Praxis sowie der Bezug auf die gesellschaftliche Realität der »Dritten Welt« verstehen sich sowohl als Kritik an der epistemologischen und methodischen Hegemonie westlicher Theologie als auch als neuer, interdisziplinärer Habitus der Theologie insgesamt, die sich nicht mehr in der Logik von »Inkulturation« oder »Adaption« versteht, sondern im Sinn einer kritischen Wechselwirkung zwischen gesellschaftlichen/kulturellen Lebensbedingungen und religiösen Überzeugungen betrieben wird. Eine solche Reziprozität zwischen sozialem Kontext und religiösem »Text« wird allerdings weder durch eine (neo-)koloniale Abwertung lokaler Lebenskontexte noch durch deren exotistische Verklärung noch durch eine rein theologische Analyse von Kultur und Gesellschaft erreicht, sondern nur dadurch, dass die (Interkulturelle) Theologie ihre Option für den globalen Süden mit einer wissenschaftlich sorgfältigen und differenzierten Rezeption der Erforschung der Lebensbedingungen des Südens verbindet, wie ihn eben die Entwicklungstheorie leistet. Wenn etwa in der Interkulturellen Theologie vom Erstarken des Christentums in den Ländern des Südens,[26] von »reverse mission«[27] oder der Pentekostalisierung des Christentums in Afrika, Asien und Lateinamerika[28] die Rede ist, braucht es eine Kenntnis der aktuellen Transformationen in den Gesellschaften des Südens, der Urbanisierungs- und Migrationsprozesse sowie der ökonomischen und kulturellen Krisenszenarien, um den theologischen Diskurs nicht unabhängig von politischen und ökonomischen Entwicklungen zu entwickeln. Mit anderen Worten: Interkulturelle Theologie, die über »das Christentum im Süden« nachdenkt, ohne den Kenntnisstand bzw. das Problemniveau entwicklungstheoretischer Forschung vor Augen zu haben, wird

---

[25] Ebd., 44.

[26] Vgl. Rudolf von Sinner, Das Christentum auf dem Weg nach Süden: Interkulturelle Theologie als Herausforderung an die Systematische Theologie, in: Franz Gmainer-Pranzl / Judith Gruber (Hg.), Interkulturalität als Anspruch universitärer Lehre und Forschung (Salzburger interdisziplinäre Diskurse, Band 2), Frankfurt am Main 2012, 215–237.

[27] Vgl. Klaus Hock, Migration, Mission und christliche Glaubensverbreitung: Ausgewählte Aspekte, in: Interkulturelle Theologie. Zeitschrift für Missionswissenschaft 37 (2011) 157–171; bes. 169–171.

[28] Vgl. Tobias Keßler / Albert-Peter Rethmann (Hg.), Pentekostalismus. Die Pfingstbewegung als Anfrage an Theologie und Kirche (Weltkirche und Mission, Band 1), Regensburg 2012.

in ihrer Analyse blass und allgemein bleiben und wissenschaftstheoretisch und -praktisch bei einem »Religionismus« hängenbleiben.[29]

(b) Ein zweites Thema, das die gegenwärtige politische Debatte prägt wie kaum ein zweites, ist die Herausforderung der *Migration*, konkret jene Menschen, die vor Krieg, Gewalt und Terror fliehen bzw. aus unerträglichen Lebensbedingungen aufbrechen und eine menschenwürdige Zukunft in Europa suchen. Völlig zu Recht hat die (Interkulturelle) Theologie in diesem Migrationsgeschehen nicht nur ein »Problem« gesehen, das der sozialethischen Aufmerksamkeit und konkreten Hilfe bedarf (das steht außer Frage),[30] sondern eine Herausforderung, die die Theologie als ganze betrifft, ja regelrecht »verschiebt«.[31] Von daher wurden neue Ansätze einer »Theologie der Migration« entwickelt, die die (fundamental-)theologische Relevanz von Migration herausarbeiten bzw. biblische und systematische Bezüge hervorheben.[32] In diesem Sinn wurde etwa die Plausibilität einer »statischen Identität«, von der her Migration als »Sonderfall« betrachtet wird, umgedreht – auch mit Blick auf die Ekklesiologie: »Es ist nicht die Pfarrei, die den Migranten aufnimmt«, so die brasilianische Theologin und Ordensfrau Carmem Lussi, »sondern vielmehr umgekehrt: Die Aufnahme des Migranten, des Reisenden oder Pilgers auf ihren Straßen macht die Pfarrei erst zu einer solchen.«[33]

---

[29] Henning Wrogemann spricht von einer »*religionistischen Fehlwahrnehmung*, die in der Annahme besteht, dass für interreligiöse (und interkulturelle) Beziehungen gerade *religiöse Motive* besonders maßgeblich seien. Indes geraten dadurch viele andere Dimensionen (geschichtliche, soziale, verwandtschaftliche, gesellschaftliche, regionale, wirtschaftliche, politische, mediale usw.) aus dem Blick« (Henning Wrogemann, Theologie Interreligiöser Beziehungen. Religionstheologische Denkwege, kulturwissenschaftliche Anfragen und ein methodischer Neuansatz [Lehrbuch Interkulturelle Theologie / Missionswissenschaft, Band 3], Gütersloh 2015, 214).

[30] Vgl. Marianne Heimbach-Steins, Grenzverläufe gesellschaftlicher Gerechtigkeit. Migration – Zugehörigkeit – Beteiligung (Gesellschaft – Ethik – Religion. Schriften des Instituts für Christliche Sozialwissenschaften. Neue Folge, Band 5), Paderborn 2016.

[31] Vgl. Judith Gruber, Theologie als Migration. Die *deslocamentos* der Gottes-Rede, in: Franz Gmainer-Pranzl / Eneida Jacobsen (Hg.), *Deslocamentos* – Verschiebungen theologischer Erkenntnis. Ein ökumenisches und interkulturelles Projekt (Salzburger Theologische Studien, Band 54 – interkulturell, 16), Innsbruck 2016, 137–160.

[32] Vgl. Regina Polak, Migration als Gabe und Aufgabe für die Kirche, in: Jürgen Manemann / Werner Schreer (Hg.), Religion und Migration heute. Perspektiven – Positionen – Projekte (Quellen und Studien zur Geschichte und Kunst im Bistum Hildesheim, Band 6), Regensburg 2012, 153–169; Tobias Keßler (Hg.), Migration als Ort der Theologie (Weltkirche und Mission, Band 4), Regensburg 2014; Judith Gruber / Sigrid Rettenbacher (Eds.), Migration as a Sign of the Times. Towards a Theology of Migration (Currents of Encounter. Studies on the Contact between Christianity and Other Religions, Beliefs, and Cultures, Vol. 52), Leiden 2015.

[33] Carmem Lussi, Die Mobilität der Menschen als theologischer Ort. Elemente einer Theologie der Migration, in: Concilium 44 (2008) 551–562; 552. – Ähnlich radikal betont die Instruktion *Erga migrantes caritas Christi*: »Die Aufnahme des Fremden gehört also zum Wesen selbst der Kirche und bezeugt ihre

Solche Überlegungen gehören zweifellos zu den wichtigsten ekklesiologischen Impulsen seit dem Zweiten Vatikanischen Konzil, insofern sie die Kritik ekklesiozentrischer Konzepte mit Blick auf eine zentrale gesellschaftliche Herausforderung der Gegenwart zuspitzen und dadurch Aspekte christlicher Existenz und kirchlichen Lebens sichtbar machen, die einem »monokulturellen« Diskurs nicht zugänglich sind. Zugleich lässt sich die wissenschaftliche und gesellschaftspolitische »Treffsicherheit« und Anschlussfähigkeit solcher migrationstheologischer Ansätze noch erhöhen, wenn sie migrationswissenschaftliche, globalisierungs- und entwicklungstheoretische Analysen der Dynamik von Fluchtbewegungen, der politischen und ökonomischen Ursachen von Migration sowie der sogenannten »Integration« rezipieren.[34] Eine solche interdisziplinäre Vermittlung ersetzt nicht die spezifische Glaubensverantwortung der Theologie (die zum Beispiel von der Gegenwart Jesu Christi im Fremden/Migranten ausgeht) durch empirische Methoden, verortet aber migrationstheologische Aussagen in konkreten gesellschaftlichen und globalen Dynamiken von Migration. Dadurch eröffnet sich dem interkulturell-theologischen Migrationsdiskurs nicht zuletzt die Chance, spezifische Elemente eines christlich-theologischen Zugangs (wie zum Beispiel das Verständnis der Kirche überhaupt als einer Migrantin/ Pilgerin) in die Auseinandersetzung um Migration einzubringen.

(c) In engem Zusammenhang mit dem Thema »Migration« steht die Frage von »*Identität(en)*«, die gerade in einer kulturell und religiös heterogenen Gesellschaft relevant, ja akut wird. Menschen fürchten, ihre »Identität« – und das heißt meistens: ihre Sicherheit, eine bestimmte Zugehörigkeit zu haben – zu verlieren. Interkulturelle Theologie ist insofern von dieser Identitätspolitik betroffen, als in gesellschaftspolitischen Auseinandersetzungen immer wieder Bezug auf Religion(en) genommen wird, mit denen kulturelle Identitäten markiert werden. Die Frage etwa, ob der Islam zu Deutschland/Österreich gehört oder nicht bzw. was die Rede vom »christlichen Abendland« bedeutet, ist für Interkulturelle Theologie absolut relevant. Die häufigere Einbeziehung von Religion(en) in politischen Debatten lässt zwar nicht auf eine Zunahme religiöser Praxis in der Be-

Treue zum Evangelium« (Päpstlicher Rat der Seelsorge für die Migranten und Menschen unterwegs, Instruktion *Erga migrantes caritas Christi* [Die Liebe Christi zu den Migranten], 3. Mai 2004 [Verlautbarungen des Apostolischen Stuhls, 165], Bonn 2004, Nr. 22).

[34] Vgl. Paul Mecheril u. a. (Hg.), Migrationsforschung als Kritik? Konturen einer Forschungsperspektive, Wiesbaden 2013; Boris Nieswand / Heike Drotbohm (Hg.), Kultur, Gesellschaft, Migration. Die reflexive Wende in der Migrationsforschung , Wiesbaden 2014; Lena Karasz (Hg.), Migration und die Macht der Forschung. Kritische Wissenschaft in der Migrationsgesellschaft, Wien 2017.

völkerung schließen, sehr wohl aber auf einen globalen Trend, eindeutige und abgrenzbare Identitäten anzustreben; hier zeigt sich eine Veränderung kultur- und religionspolitischer Plausibilitäten, die sich an Samuel Huntingtons *Kampf der Kulturen* (1996) festmachen lassen. Nach der Phase des Kalten Krieges, die von den politisch-ideologischen Kategorien Kapitalismus versus Kommunismus geprägt war, folgt eine Epoche, in der nur noch die Kategorie der kulturellen Identität zählt: »Die Frage ›Auf welcher Seite stehst du?‹ ist ersetzt worden durch die viel elementarere Frage ›Wer bist du?‹«[35], so Huntington, der als Hintergrund seiner Überlegungen vor allem den mörderischen Identitätskampf zwischen den Völkern des auseinanderfallenden Jugoslawiens im Blick hatte.

Interkulturelle Theologie setzte sich intensiv mit der Bedeutung des Kulturel- len – nicht zuletzt durch eine umfassende Rezeption kulturwissenschaftlicher Ansätze – auseinander,[36] grenzte sich aber gerade so von kulturalistischen Ten- denzen ab, die die Komplexität von (Migrations-)Gesellschaften auf die (schein- bar eindeutige) Identität einer kulturellen bzw. religiösen Identität reduzieren. Rechtspopulistische Politikansätze arbeiten sehr stark mit der Suggestion von Identitäten, die zugleich als »selbstverständlich« und als »bedroht« vorgestellt werden.[37] Angesichts dieser – vorgeblich »religionsfreundlicher« (weil »das Christentum« verteidigender) – Identitätspolitiken ist Interkulturelle Theologie gefordert, eigene und fremde Identitäten von ihren historischen, gesellschaftli- chen und medienpolitischen Kontexten her neu zu sichten und kritisch zu rekon- struieren. In diesem Sinn kommt der interkulturell-theologischen Auseinander- setzung ein durchaus macht-, gesellschafts- und ideologiekritisches Potential zu, von dem her essentialisierende Vorstellungen von »Kultur« und »Religion«, po- litische Instrumentalisierungen und unhinterfragte Identitätskonstruktionen ei- ner – theologisch motivierten – Kritik unterzogen werden. Die entscheidende Kor- rektur essentialisierender Wahrnehmungen von »Kultur(en«) und »Religion(en)«, vor denen auch (Interkulturelle) Theologie nicht immer gefeit ist, besteht in der nüchternen Analyse gesellschaftlicher Konfliktfelder, in denen kulturelle Zugehö-

---

[35] Samuel P. Huntington, Kampf der Kulturen. The Clash of Civilizations. Die Neugestaltung der Weltpo- litik im 21. Jahrhundert, München / Wien 1996, 193.

[36] Vgl. die Studien von Judith Gruber, Theologie nach dem Cultural Turn. Interkulturalität als theologische Ressource (ReligionsKulturen, Band 12), Stuttgart 2013, und Claudia Jahnel, Interkulturelle Theologie und Kulturwissenschaft. Untersucht am Beispiel afrikanischer Theologie, Stuttgart 2016.

[37] Vgl. Ruth Wodak, Politik mit der Angst. Zur Wirkung rechtspopulistischer Diskurse, Wien / Hamburg 2016; María do Mar Castro Varela / Paul Mecheril (Hg.), Die Dämonisierung der Anderen. Rassismus- kritik der Gegenwart, Bielefeld 2016; Zygmunt Bauman, Die Angst vor den anderen. Ein Essay über Migration und Panikmache, Berlin 2016; Jan-Werner Müller, Was ist Populismus? Ein Essay, Berlin 2016.

rigkeiten und religiöse Überzeugungen als Argumente für bestimmte Politiken ausgegeben werden. Schließlich wäre auch zu fragen, ob nicht die Erforschung religiöser Extremismen und Fundamentalismen mehr denn je auf Einsichten entwicklungstheoretischer Forschung angewiesen ist – um etwa die Motive von Attentätern, die Gewalttaten mit religiösen Wahrheiten »legitimieren«, im Kontext vielfältiger Faktoren (wirtschaftliche Entwicklung, Bildungschancen, ethnische Spannungen, Globalisierung, internationale Politik usw.) angemessener erforschen zu können.[38]

3. Methoden interkultureller Theologie: zur Rezeption entwicklungstheoretischer Diskurse

Die Begegnung mit entwicklungstheoretischer Forschung hat nicht nur die Aufnahme neuer Themen und Perspektiven zur Folge, sondern bringt die interkulturell-theologische Reflexion mit einem neuen Problem- und Methodenbewusstsein in Berührung. Interkulturelle Theologie ist und bleibt zwar *Glaubensverantwortung* im Kontext biblischer Tradition und kirchlicher Erfahrung, realisiert aber diese Reflexion christlicher Praxis in einer konsequent *interdisziplinären* Anbindung an verschiedene wissenschaftliche Disziplinen, von denen sie lernt, die gesellschaftliche Realität, die kulturellen Lebenswelten sowie die globalen Dynamiken, in denen das Christentum verortet ist, zu verstehen. Der hier vor allem forcierte Bezug auf den Diskurs der Entwicklungstheorie ist, so die These dieses Beitrags, ein entscheidender Impuls zur Ausarbeitung einer interkulturell-theologischen Methodologie, aber selbstverständlich nicht der einzige. Wenn sich allerdings Vertreterinnen und Vertreter Interkultureller Theologie mit den Christentümern in verschiedenen Weltgegenden, mit Zeichen der Zeit wie Globalisierung, Migration, Identitätspolitiken und Klimawandel auseinandersetzen, werden sie nicht umhin kommen, in einen Dialog mit entwicklungstheoretischer Forschung einzutreten. Für die Methodik Interkultureller Theologie ergeben sich daraus vor allem drei Konsequenzen:

– *Nicht-integralistische* Methodik: Mit »Integralismus« wird eine – in der Kirchen- und Theologiegeschichte wirkmächtige – Erkenntnishaltung be-

---

[38] Vgl. exemplarisch die Studie von Heinrich Wilhelm Schäfer, Kampf der Fundamentalismen. Radikales Christentum, radikaler Islam und Europas Moderne, Frankfurt am Main/Leipzig 2008.

zeichnet, die darin besteht, »die Wirklichkeit allein aus dem Glauben zu erklären bzw. zu bewältigen, anstatt den Glauben als Schlüssel zum Verständnis oder zur Bewältigung der Welt anzusehen, der diese ermöglicht, aber nicht selbst leistet«[39] – so der Eintrag im postkonziliaren Lexikon *Sacramentum Mundi*, der gewissermaßen noch unter dem unmittelbaren Eindruck der Zurückweisung der integralistischen Vereinnahmung der Welt durch Kirche und Theologie in der Pastoralkonstitution *Gaudium et spes* stand.[40] Konkret heißt das, dass der interdisziplinäre Bezug und Austausch, die Lernbereitschaft gegenüber anderen Wissenschaften und die Anerkennung anderer wissenschaftlichen Methoden der Authentizität Interkultureller Theologie nicht widersprechen, sondern diese vielmehr stärken. Dass sich Interkulturelle Theologie mit politikwissenschaftlichen, globalisierungs- und entwicklungstheoretischen Erkenntnissen auseinandersetzt, ist Ausdruck der intellektuellen Vitalität und Lernfähigkeit dieser Disziplin und nicht Folge eines Zweifels an der eigenen Erkenntnisleistung. Die Einsicht, die Vielfalt der aktuellen gesellschaftlichen und globalen Entwicklungen nur in interdisziplinärer Kooperation erforschen zu können, entspricht – in ihrer »erkenntnistheoretischen Bescheidenheit«[41] – sowohl intellektueller Redlichkeit als auch christlicher Freiheit.

– *Sozialwissenschaftliche* Kompetenz: Die Auseinandersetzung mit den Folgen kultureller Kolonialisierung, die zu den Gründungsimpulsen Interkultureller Theologie gehört und zu Recht große Aufmerksamkeit verdient, darf nicht vergessen machen, dass die sozialwissenschaftliche Methodik zur Erforschung der Gesellschaft eine nicht zu vernachlässigende Voraussetzung interkulturell-theologischer Arbeit bildet. Zwar ist die Kritik an einer zu einseitig ausgerichteten sozio-ökonomischen Analyse gesellschaftlicher Verhältnisse (bei gleichzeitiger Vernachlässigung der kulturellen und

---

[39] Waldemar Molinski, Integralismus, in: Karl Rahner u. a. (Hg.), Sacramentum Mundi. Theologisches Lexikon für die Praxis. Zweiter Band: Existenzialphilosophie bis Kommunismus, Freiburg i. Br. 1968, Sp. 860–863; 861.

[40] Die Pastoralkonstitution verwendet den etwas sperrigen Begriff der »Autonomie der irdischen Wirklichkeiten« und meint damit, »dass die geschaffenen Dinge und die Gesellschaften selbst sich eigener Gesetze und Werte erfreuen, die vom Menschen Schritt für Schritt zu erkennen, anzuwenden und zu ordnen sind […]. Aufgrund der Bedingung ihres Geschaffenseins selbst nämlich werden alle Dinge mit einer eigenen Beständigkeit, Wahrheit, Gutheit sowie mit eigenen Gesetzen und (einer eigenen) Ordnung ausgestattet, die der Mensch unter Anerkennung der den einzelnen Wissenschaften und Künsten eigenen Methoden achten muss« (GS 36).

[41] Der Ausdruck stammt von Ram Adhar Mall, Philosophie im Vergleich der Kulturen. Interkulturelle Philosophie – eine neue Orientierung, Darmstadt 1995, 8.

religiösen Dimensionen des Lebens), wie sie vor allem von Theologinnen und Theologen aus Afrika und Asien geäußert wurde, nach wie vor berechtigt, doch sollte das Pendel interkulturell-theologischer Theoriebildung nicht in das andere Extrem eines Kulturalismus umschlagen. Insofern plädierte etwa der kamerunische Theologe Jean-Marc Ela bereits vor Jahren angesichts der »neuen Herausforderungen durch Armut und Unterdrückung« für »eine echte Revision der Methoden«; er konnte »nur schwer nachvollziehen, wie der/die TheologIn auf sozioökonomische Analysen verzichten kann«[42]. Was Ela hier einfordert, lernt die Interkulturelle Theologie in besonderer Weise in der Auseinandersetzung mit entwicklungstheoretischer Forschung: die Kenntnis der sozialen Verhältnisse, der ökonomischen Bedingungen sowie der sozialwissenschaftlichen Methoden und Analysekategorien ist eine wichtige Voraussetzung einer realitätsnahen und (selbst-) kritischen Interkulturellen Theologie.

– *Zentrismuskritik*: Mit diesem Begriff, der im Ansatz interkulturellen Philosophierens von Franz Martin Wimmer eine wichtige Rolle spielt, ist die Auseinandersetzung mit jenen diskursiven und politischen Dynamiken gemeint, die Gesellschaften, ja letztlich die ganze Welt in Zentrum und Peripherien aufspalten, sei es, dass diese Peripherien bloße Empfänger des »Zentrums« (der politischen Macht, des intellektuellen Einflusses, der kulturellen Dominanz usw.) sind (»*expansiver* Zentrismus«), sei es, dass diese Peripherien (nur) insoweit Anerkennung erfahren, als sie sich am vorgegebenen Zentrum ausrichten (»*integrativer* Zentrismus«), sei es schließlich, dass die Peripherien und Kolonien ihre eigenen Zentren werden (»*separativer* Zentrismus«).[43] Als vierte Form eines Zentrismus, dessen Logik die Unterordnung der Peripherien unter die Zentren der Macht aufsprengt, postuliert Wimmer die Kommunikations- und Argumentationsweise eines »Polylogs«, der allen Teilnehmern an einer kulturellen Tradition, einem sozialen Lebenszusammenhang oder einer intellektuellen Debatte einen wechselseitig vollständigen Einfluss einräumt und so alle an der Suche nach überzeugenden Lösungen und gemeinsamen Überzeugungen beteiligt

---

[42] Jean-Marc Ela, Das Evangelium im Zeitalter des Marktes neu lesen, in: Ders., Gott befreit. Neue Wege afrikanischer Theologie (Theologie der Dritten Welt, Band 30), Freiburg i. Br. 2003, 102–130; 114.

[43] Vgl. Franz Martin Wimmer, Interkulturelle Philosophie. Eine Einführung (UTB 2470), Wien 2004, 15–17 und 53–58.

(»tentativer Zentrismus«).[44] In diesem »polylogen« Modell kommt ein kritisches Motiv zur Geltung, das in der Entwicklungstheorie durch das »Post-Development«-Paradigma[45] artikuliert wird: die Weigerung, historische Machtkonstellationen, einflussreiche Diskurstraditionen oder teleologische Konzepte als selbstverständlich hinzunehmen. Auch die Art und Weise, wie Theologie getrieben wird, war in Vergangenheit und Gegenwart immer wieder von mehr oder weniger offenkundigen Zentrismen geprägt, denkt man etwa an die (frühere?) Mentalität der Überlegenheit der europäischen Theologie gegenüber allen anderen kontextuellen Theologien oder an die gegenwärtige Unterordnung universitärer Disziplinen unter die Prinzipien einer angloamerikanischen Wissenschaftskultur. In diesem Zusammenhang bedarf es stets neu eines kritischen Blicks auf die Plausibilitäten, Logiken und »Zentrismen« interkulturell-theologischen Arbeitens, um den Diskurs offen zu halten und die Hoffnung des Glaubens in den Asymmetrien und Aporien der Welt von heute immer wieder neu zu verantworten.

(Univ.-Prof. DDr. Franz Gmainer-Pranzl ist Leiter des Zentrums Theologie Interkulturell und Studium der Religionen an der Katholisch-Theologischen Fakultät der Paris Lodron-Universität Salzburg)

ABSTRACT

The development of intercultural theology received a significant stimulus from the *global turn* of the Second Vatican Council; this resulted in the (Catholic) Church taking the whole human family into consideration and seeing its mission in a global context. One consequence for the methodology of intercultural theology is a dialogue with research in the field of development theory, in which questions regarding the understanding of «development«, global contexts and inequalities, together with (neo-)colonial politics, are debated. Among the specific topics connecting intercultural theology with the field of development theory are: living conditions in the global south, migration and the current identity politics. For intercultural theology, the interdisciplinary link with research in the field of development theory brings in its train a critique of integralist concepts and an increasing acceptance of socioscientific methods, together with an appreciation of the issues involved in hidden centrisms in theological discourse.

[44] Vgl. ebd., 66–73.
[45] Vgl. Aram Ziai, Post-Development-Ansätze: Konsequenzen für die Entwicklungstheorie, in: Müller u. a. (Hg.), Entwicklungstheorien, 405–434.

Interkulturelle Theologie als Methode und Ziel

Thomas Fornet-Ponse

Auf den ersten Blick mag es fast wie eine Spielerei anmuten, zu einem Forschungskolloquium »Methoden interkultureller Theologie« einen Beitrag unter dem Titel »Interkulturelle Theologie als Methode und Ziel« anzubieten, wird doch primär die Reihenfolge der Substantive vertauscht. Bei näherem Hinsehen jedoch erweist sich dies als Aussage über das vorausgesetzte Verständnis Interkultureller Theologie, das auszuweisen ist, bevor auf die zu wählende Methodik eingegangen werden kann. Dementsprechend führe ich im Folgenden zunächst aus, wie ich Interkulturelle Theologie als »neue« Art, Theologie zu treiben, verstehe, wobei die Bezeichnung als »Methode und Ziel« auf eine interne Differenzierung hinweist. Anschließend kann dann die konkrete Methodik, mit der das anvisierte Ziel erreicht werden könnte, in den Blick genommen werden, was insbesondere die Auseinandersetzung mit dem jeweiligen (zeitlichen und örtlichen) Kontext impliziert.

Interkulturelle Theologie als Methode und Ziel

Ohne die Unterschiede überbetonen oder die Überschneidungen verneinen zu wollen, lassen sich zwei grundlegende Verständnisse Interkultureller Theologie unterscheiden: Einerseits wird – stärker im evangelischen Bereich – Interkulturelle Theologie als Nachfolgerin der Missionswissenschaft/Religionswissenschaft/Ökumene gesehen, indem sie Interkulturalität thematisiert: »Interkulturelle Theologie beschäftigt sich mit der Interaktion zwischen christlichem Glauben und dem kulturell-religiösen Pluralismus, an dem er selbst auch Teil hat.«[1]

---

[1] Volker Küster, Einführung in die interkulturelle Theologie, Göttingen 2011, 15; vgl. Klaus Hock, Einführung in die Interkulturelle Theologie, Darmstadt 2011, 9f.; Henning Wrogemann, Interkulturelle Theologie und Hermeneutik, Gütersloh 2012, 17.

Anderseits kann Interkulturalität nicht nur als Materialobjekt, sondern auch als Formalobjekt aufgenommen werden, womit Theologie sich im interkulturellen Raum zu verorten hat und als interkulturell arbeitende Theologie zu konzipieren ist. Eine solche Neukonstituierung der Theologie schlägt sich begrifflich in der adverbialen Syntax der in Frankfurt und Salzburg institutionalisierten Bezeichnung »Theologie interkulturell« nieder[2] und wird von Kessler und Siller prägnant ausgedrückt: »Theologie auf interkulturelle Weise treiben heißt einerseits, das zu denken, was *fremde* Erfahrungen mit dem Evangelium, also kulturell anders bestimmte Christen und Gemeinden, uns zu denken geben. Und andererseits bedeutet es, bei unserer theologischen Arbeit immer mit zu bedenken, was *unsere* Erfahrungen mit dem Evangelium kulturell anders bestimmten Christen und Gemeinden zu denken geben.«[3] Dies bedeutet eine Absage an ein bislang primär eurozentrisch geprägtes Theologieverständnis auf der Grundlage der Erfahrungen einer kulturell polyzentrischen Weltkirche, um den Reichtümern der Teilkirchen und ihrer spezifischen Theologien gerecht werden zu können. Anvisiert ist ein Dialog der verschiedenen kontextuellen Theologien, weshalb es einer Interkulturellen Theologie bedarf, »die das Gespräch zwischen den Theologien in Gang hält und vermittelt, sowohl in Konfliktfällen als auch zum wechselseitigen Austausch«[4]. Dieses Gespräch mit anderen kontextuellen Theologien zu führen, fordert in der Regel das eigene Theologietreiben heraus, einerseits schon allein durch die Existenz anderer Traditionsströme und Theologien, andererseits durch deren konkrete Vorgehensweisen oder Inhalte – beispielsweise durch den von vielen kontextuellen Theologien vorgenommenen »epistemologischen Bruch« im Vergleich zur traditionellen abendländischen Theologie. Eine interkulturell verfasste Theologie zieht Konsequenzen aus diesen Herausforderungen und entspricht damit zwei wesentlichen Aspekten wirklicher Interkulturalität: »Einerseits geht es um ein Kennen- und Schätzenlernen des/der ›Anderen‹, sei es eine Person, eine Kultur oder eine Theologie. Andererseits geht es aber auch darum, sich selber im ›Anderen‹ spiegeln und infrage stellen zu lassen.«[5]

Ich verorte mich eher in dieser Tradition und betone Interkulturelle Theologie

[2] Vgl. Ulrich Winkler, Zentrum Theologie interkulturell und Studium der Religionen an der Universität Salzburg – theologische Konzeption, in: SaThZ 11 (2007), 58–73; Judith Gruber, Theologie nach dem Cultural Turn. Interkulturalität als theologische Ressource, Stuttgart 2013, 67–69.

[3] Hans Kessler/Hermann Pius Siller, Vorwort zur Reihe »Theologie interkulturell«, in: Bénézet Bujo, Afrikanische Theologie in ihrem gesellschaftlichen Kontext, Düsseldorf 1986, 9–16, hier: 12.

[4] Michael Sievernich, Konturen einer interkulturellen Theologie, in: ZKTh 110 (1988), 257–283, hier: 266.

[5] Josef Estermann, Apu Taytayku. Religion und Theologie im andinen Kontext, Ostfildern 2012, 177.

als eine »neue« Art, Theologie zu treiben. Neu ist daran nicht die Auseinander-setzung mit Phänomenen der Interkulturalität – hierzu hat Judith Gruber sehr deutlich gemacht, wie diese das Christentum schon von Anbeginn an prägen[6] –, sondern vielmehr das explizite Anliegen, aufgrund dieser dem Christentum grundlegend eingeschriebenen Interkulturalität nicht nur diese zu reflektieren, sondern Theologie als interkulturelle Praxis – und damit Methode – zu betreiben. Grundlage dafür ist die Überzeugung von der unvermeidbaren Kontextualität jeglicher Theologie (und Philosophie), die angesichts der Unerschöpflichkeit der Offenbarung eine interkulturelle Transformation der Theologie zu einer internen Notwendigkeit macht, »die nicht nur einer Erfahrung der Endlichkeit des ausge-feilten theologischen Diskurses entspringt, sondern auch auf gewisse Weise vorausahnt, dass im kulturellen Pluralismus und der Interkulturalität sich die sublime Unendlichkeit des Wortes ankündigt, dessen Druck der Diversität jede kulturelle Grenze sprengt und jede Theologie zum fortdauernden *Exodus* zwingt«[7]. Ein sehr wichtiges Element hierfür ist die Interdisziplinarität, insofern einerseits einige kontextuelle Theologien auf sozialwissenschaftliche Forschun-gen rekurrieren, um ihre geschichtliche Wirklichkeit besser interpretieren zu können, und andererseits poetische und literarische Ausdrucksformen zu be-rücksichtigen sind, um der hermeneutischen und kognitiven Relevanz von Volks-liedern, Erzählungen, oralen Traditionen, Geschichten und Legenden Rechnung zu tragen.[8] Besonders hervorzuheben ist dabei die Interkulturelle Philosophie, da sie bei vielen Fragestellungen vor vergleichbaren Problemen z. B. der interkultu-rellen Hermeneutik steht und überdies die klare Unterscheidung zwischen Theo-logie und Philosophie sich der westeuropäisch-angelsächsischen Wissenschafts-tradition verdankt und in anderen Kulturkreisen und mit Blick auf andere Religi-onen und Weltanschauungen etwas modifiziert werden müsste.[9] Dementspre-chend ist auch die Frage nach der Methodik interkultureller Theologie nicht einseitig von einem von der abendländischen rationalen Tradition geprägten

---

[6] Vgl. Gruber, Theologie.
[7] Raúl Fornet-Betancourt, El quehacer teológico en el contexto del diálogo entre las culturas en América Latina, in: Ders., La interculturalidad a prueba, Aachen 2006, 105–120, hier: 111 [meine Übersetzung].
[8] »Auf diese Weise trägt sie der poetischen, mystischen, rituellen und symbolischen Welt Rechnung; einer Welt, die sie dazu auffordert, ihre ursprüngliche disziplinäre Rationalität derart zu transformieren, daß sie die strikten Grenzen des begrifflichen Wissens überschreitet und sich als eine transdisziplinäre Rationalität versteht, die in der Lage ist, mit symbolischen, metaphorischen oder mystischen Formen des menschlichen Wissens zu kooperieren.« Raúl Fornet-Betancourt, Lateinamerikanische Philosophie zwischen Inkulturation und Interkulturalität, Frankfurt a. M. 1997, 194.
[9] Vgl. einführend sowie mit Bezug zur Theologie Fornet-Betancourt, Philosophie.

Methodenverständnis, sondern interkulturell zu stellen, letztlich also auch hier eine interkulturelle Pluralisierung (die Rede von »Methoden« impliziert nicht notwendig eine solche, sondern kann sich auch auf mehrere Methoden einer Rationalität beziehen) anzustreben.

Der Rekurs auf die Interkulturelle Philosophie ist auch hilfreich, um die Charakterisierung Interkultureller Theologie als Methode und Ziel näher bestimmen zu können. Beide teilen das Grundanliegen, Kulturalität bzw. Kontextualität und Universalität verbinden zu wollen, womit sich die Frage nach dem vorausgesetzten Universalitätsverständnis stellt. Einer der wichtigsten Vertreter der Interkulturellen Philosophie, Raúl Fornet-Betancourt, schlägt vor, dieses als »Universalität als Solidarität« zu kennzeichnen, wonach Universalität eine Zielperspektive bzw. regulative Idee darstellt, insofern die verschiedenen kontextuellen Philosophien und Rationalitäten sich im (gleichberechtigten) Dialog miteinander befinden sollen. Er verbindet dies mit einer deutlichen politischen Positionierung gegen eine die kulturelle Diversität zu nivellieren drohende (neoliberale) Globalisierung. Universalität als Solidarität umfasst mithin auch gesellschaftspolitische Formen der Solidarität, z. B. in Form der Konvivenz.[10] Ist Universalität als Solidarität somit das – nicht als statischer Zustand zu verstehende – Ziel Interkultureller Philosophie, versteht sie sich selbst zunächst als eine Methode, um dieses Ziel zu erreichen, indem sie als interkulturelle Transformation der Philosophie diese als Dialog kontextueller Philosophien versteht und konzipiert. Gelingen diese Transformation und dieser Dialog, wäre das Ziel einer Universalität als Solidarität erreicht bzw. der Prozess der Universalität als Solidarität im Gange. Im Gedanken der Universalität als Solidarität bilden beide eine einzige Bewegung, insofern Solidarität der Weg der Interkulturalität zur Universalität ist, zugleich aber das Zusammenwachsen und die Partizipation am Sein des Anderen meint und Universalität sich nicht nur auf das Verstehen des Fremden beschränkt, sondern Prozesse der Partizipation beinhaltet, die zu einem »Mehr-Sein« (theologisch das »Leben in Fülle« und letztlich die Verheißung des Reiches Gottes) führen.

Dem vergleichbar kann zwischen Interkultureller Theologie als Methode und Interkultureller Theologie als Ziel unterschieden (aber nicht getrennt) werden,

---

[10] Vgl. z. B. Raúl Fornet-Betancourt, Universalität als Konvivenz. Versuch einer interkulturellen Neubestimmung der Frage nach der Universalität. Thesen, in: Ders., Interkulturalität und Menschlichkeit, Aachen 2013, 93–104; und einführend Thomas Fornet-Ponse, Freiheit und Befreiung. Untersuchungen zur Kontextualität und Universalität des Philosophierens, Aachen 2013, 324–334; sowie Ders., Universalität als Solidarität. Das Universalitätsverständnis José Martís und Raúl Fornet-Betancourts, in: SaThZ 15 (2011), 189–203.

wenn das Ziel Interkultureller Theologie allgemein als Universalität als Solidarität der kontextuellen Theologien (und gegebenenfalls stufenweise darüber hinausgehend, der Konfessionen und vielleicht auch der Religionen) bestimmt werden kann. Interkulturelle Theologie wäre dann die Methode bzw. der Weg, um dieses Ziel zu erreichen, indem die verschiedenen kontextuellen Theologien ins Gespräch miteinander gebracht werden und dieses Gespräch vermittelt wird, und Interkulturelle Theologie wäre das Ziel, nämlich das gelingende Gespräch der kontextuellen Theologien als Ausdruck der Perspektivenvielfalt auf die unerschöpfliche Offenbarung Gottes und ihrer menschlichen Empfänger. »Das Programm einer interkulturellen Theologie beinhaltet nicht, um gleich Mißverständnisse auszuschließen, die Vorstellung einer Cocktail-Theologie, die gleichsam ein Gemisch aus sämtlichen Kulturen bilden würde. Und genausowenig ist damit eine Art Esperanto-Theologie intendiert, also eine alle Kulturen übergreifende Theologie. Man kommt gar nicht daran vorbei, sich für einen bestimmten kulturellen Kontext zu entscheiden, und dafür braucht man sich auch nicht zu entschuldigen. Nur kann dieser eigene, begrenzte kulturelle Kontext nicht für universal erklärt werden. ... Es gibt viele Möglichkeiten theologischen Denkens, sie alle sollen sich aber in den Dienst einer Sache stellen: die Welt soll Ort des Lebens für alle werden.«[11] Als Dialog der kontextuellen Theologien ist Interkulturelle Theologie intrinsisch ökumenisch, da sie sich nicht auf Theologien einer Konfession beschränken darf, zumal die konfessionellen Grenzen in unterschiedlichen Kontexten angesichts der spezifischen Herausforderungen unterschiedlich bedeutend wahrgenommen werden.[12]

So abstrakt die bisherige Charakterisierung anmuten mag, ergeben sich daraus klare Konsequenzen für die konkrete Methodik der Interkulturellen Theologie, allen voran die Auseinandersetzung mit der eigenen Kontextualität und Kulturalität.

---

[11] Giancarlo Collet, Bemerkungen zur Notwendigkeit einer interkulturellen Theologie, in: Raúl Fornet-Betancourt (Hg.), Theologien in der Sozial- und Kulturgeschichte Lateinamerikas. Bd. I: Die Perspektive der Armen, Eichstätt 1993, 30–37, hier: 35f.

[12] Wrogemann betont die Notwendigkeit, die gesamte Weite der Weltchristenheit zu berücksichtigen und keine Verengungen auf die Konfessionsökumene oder bestimmte Formen des Christentums vorzunehmen. »Auch das Differente, das Andere, das Anstößige, etwa fundamentalistische Bewegungen, Gemeinden oder Kirchen müssen auf die ihnen eigene Sicht befragt werden.« (Wrogemann, Theologie, 34) Hinzuzufügen wäre: und zu kritisieren, gegebenenfalls unter Bezugnahme auf ihre eigenen Prinzipien.

Überlegungen zu einer Methodik Interkultureller Theologie

Ausweis und Analyse der eigenen Kontextualität und Kulturalität

Sich der eigenen Kontextualität und Kulturalität bewusst zu werden, folgt als erster methodischer Schritt direkt aus dem oben genannten Verständnis Interkultureller Theologie als Dialog der jeweiligen kontextuellen Theologien. Dies geht insofern über die grundlegende Überzeugung der Kontextualität und Kulturalität jeglicher Theologie (auch derer, die diese bewusst bestritten) hinaus, als diese explizit untersucht und somit das Verhältnis von Partikularität und Universalität thematisiert wird.[13] Universalität als Solidarität kontextueller Theologien (und Philosophien) zu verstehen, impliziert die Annahme, eine kontextuelle Theologie habe gerade als kontextuelle, d. h. aus einem bestimmten Kontext und für einen bestimmten Kontext formulierte Theologie eine universale Bedeutung. Der jeweilige Kontext beinhaltet dabei auch die jeweilige Erinnerung bzw. Tradition, d. h. Vollzugsformen des Glaubens und Denkens bzw. die Wege. Abgelehnt wird zugleich der Versuch, Universalität dadurch zu erreichen, dass eine Theologie (oder Philosophie) abstrakt und geschichtsenthoben konzipiert oder sogar für absolut gesetzt wird. Dementsprechend kommt nicht nur der Auseinandersetzung mit dem jeweiligen Kontext eine hohe Bedeutung zu, um eine relevante Theologie zu sein, sondern auch der bewussten Darstellung als kontextueller Theologie, um den (möglichen) je spezifischen Beitrag zum Dialog der kontextuellen Theologien klar herauszustellen. Die Analyse des eigenen Kontextes muss dabei nicht bei jeder materialen Einzelfrage ausführlich erfolgen, sollte aber im Hintergrund des jeweiligen theologischen Denkens präsent sein, damit bewusst wird bzw. bleibt, für wen und aus welcher Position heraus Theologie getrieben wird. Der Fokus auf der konkreten Realität bewahrt auch davor, Kulturen und kulturelle Identitäten als statische Größen zu verstehen, macht auf die Problematik aufmerksam, Identitäten oft nicht klar voneinander abgrenzen zu können, und schärft den Blick für die Instabilität und die Dynamik kultureller Identifizierungen, die immer neue Grenzen zur Alterität ziehen und somit je

---

[13] Auch hier besteht eine große Nähe zwischen Theologie und Philosophie, was Franz Martin Wimmer mit dem *Dilemma der Kulturalität jeder Philosophie* ausdrückt, »das darin liegt, dass Philosophie als Projekt einerseits nach Allgemeingültigkeit strebt und dass sie andererseits immer in einen kulturellen Kontext eingebettet ist, aus dem sie nicht nur ihre Ausdrucksmittel und ihre bestimmten Fragestellungen hat, innerhalb dessen auch noch ihre Einsichtigkeit und Überzeugungskraft zu messen ist«. Franz Martin Wimmer, Interkulturelle Philosophie. Eine Einführung, Wien 2004, 9f.

neue Differenzen setzen. »Identität ist damit keine ontologische, sondern eine diskursive Größe: in semiotischen Prozessen von Ein/Ausschließungen konstituiert sich Identität je neu in Diskursen, die im untrennbaren Konnex von Wissen und Macht Realität schaffen. Diese wissensformenden und damit identitätskonstruierenden Diskurse werden von Machtverhältnissen bestimmt und gesteuert.«[14] Dementsprechend dient die Analyse des eigenen (kulturellen, sozio-ökonomischen, politischen etc.) Kontextes auch dazu, die Relevanz der Theologie angesichts immer wieder zu beobachtender gravierender Transformationsprozesse dieses Kontextes – wie beispielsweise eine in den letzten Jahrzehnten in einigen westeuropäischen Ländern zu diagnostizierende signifikant veränderte gesellschaftliche Bedeutung der großen Kirchen – zu gewährleisten. Darüber hinaus besitzt sie Relevanz für die innerchristliche Ökumene, da die unvermeidbare Kontextualität und Kulturalität jeglicher Theologie auf einige neben den konfessionellen Grenzen bestehende bzw. prozessual ausgehandelte andere aufmerksam macht, die zuweilen zu größeren theologischen Gemeinsamkeiten mit Angehörigen anderer Konfessionen desselben Kontextes als mit Angehörigen der eigenen Konfession eines anderen Kontextes führen können.

Diese Dynamik und Prozessualität ist auch auf der individuellen Ebene der Theologen_innen zu beobachten, insofern sich auch einzelne kontextuelle Theologien aus dem gleichen Kontext signifikant unterscheiden können, was u. a. auf biografische Entwicklungen zurückzuführen ist. So ist meine eigene Theologie zunächst grundlegend von ihrem westdeutschen (rheinländischen) Kontext geprägt worden und hat sukzessive zentrale Elemente lateinamerikanischer Theologie und Philosophie (mit Raúl Fornet-Betancourt oder Ignacio Ellacuría), des Judentums sowie des jüdisch-christlichen Gesprächs, aber auch der Altertumswissenschaften aufgenommen und kann nun u. U. als ein »hybrides« Gebilde angesehen werden. Gleichwohl bleibt die Prägung durch den westdeutschen bzw. westeuropäischen Kontext und seine Kultur insbesondere in der Darlegungsform (und der meist verwendeten Sprache) maßgeblich.

Der erste methodische Schritt setzt sich somit aus drei Elementen bzw. Teilschritten zusammen: 1. Analyse des eigenen kulturellen, sozio-ökonomischen, politischen etc. Kontextes einschließlich seiner Transformationsprozesse als Grundlage des gesamten Theologietreibens, ohne dies bei allen materialen Fra-

---

[14] Gruber, Theologie, 123. Vgl. auch den Überblick über diverse Kulturbegriffe bei Wrogemann, Theologie, 120–140.

gen explizit auszuweisen. 2. Analyse und Ausweis der Kontextualität der eigenen Theologie aufgrund ihrer Einbettung in einen konkreten Kontext mit seinen bestimmten Ausdrucksmitteln und Fragestellungen. 3. Berücksichtigung der konkreten Individualität der eigenen Theologie mit ihren Gemeinsamkeiten und Differenzen zu den spezifischen Charakteristika (Familienähnlichkeiten?) der »Mainstream-Theologie« (sofern eine solche festgestellt werden kann) des eigenen Kontextes.[15]

Universalität durch Dialog mit anderen kontextuellen Theologien

Auf dieser Grundlage, die auch als gründliche Selbstvergewisserung verstanden werden kann, kann der zweite Schritt erfolgen, nämlich der Eintritt in den Dialog mit anderen kontextuellen Theologien. Wiederum sind mehrere Teilschritte zu unterscheiden: 1. Kenntnis des anderen Kontextes, 2. Kenntnis der und Dialog mit anderen Theologien, 3. Rezeption und gegebenenfalls Transformation der eigenen Position (in Anlehnung oder Abgrenzung von den anderen Theologien).

Auseinandersetzung mit fremden Kontexten

Um diesen Dialog adäquat vorzubereiten und eventuelle Missverständnisse nach Möglichkeit zu vermeiden, erscheint eine Auseinandersetzung mit dem Kontext der anderen kontextuellen Theologien unerlässlich. Diese dient primär dazu, nachzuvollziehen, worin die je andere Theologie ihre Relevanzkriterien sieht, d. h. welchen spezifischen Herausforderungen sie zu begegnen hat und wie diese dazu geführt haben, spezifische Fragestellungen und Ausdrucksmittel herauszubilden, und wie sie dem Identitätskriterium, d. h. der Frage nach ihrer Evangeliumsgemäßheit, begegnet.[16] Hierbei können auch komparative Methoden verwen-

---

[15] Hock benennt die Problematik, Theologien aus geografischer Perspektive zu besprechen, d. h. über »asiatische«, »afrikanische« oder »lateinamerikanische« Theologien zu schreiben, sieht aber dennoch die Möglichkeit, zumindest einige »signifikante Aspekte« dieser Theologien herauszuarbeiten. Hock, Einführung, 55f.

[16] Die Beziehung zwischen Relevanzkriterien und Identitätskriterium kann mit Küster als hermeneutischer Zirkel zwischen Text und Kontext aufgefasst werden. »Aus der Kontext-Perspektive stellt sich die Relevanzfrage an die dabei getroffenen theologischen Aussagen. Inwiefern lassen sie das Evangelium in dem betreffenden Kontext relevant werden. Aus der Text-Perspektive ist die Identitätsfrage zu stellen. Bleibt die produktive Theologie evangeliumsgemäß? Ist der Kontext das *Relevanzkriterium*, dann ist der

det werden, um die Unterschiede zur eigenen Position deutlich herausarbeiten zu können, sofern damit keine Wertungen verbunden werden, d. h. nicht die Wissenschaftlichkeit, Überzeugungskraft etc. der anderen Theologie anhand der eigenen Kriterien und Maßstäbe gemessen wird. Nach Möglichkeit erfolgt schon dieser Schritt, indem »externe« Perspektiven durch einschlägige, z. B. sozial- oder kulturwissenschaftliche, Disziplinen auf den jeweiligen Kontext durch die Selbstzeugnisse und Selbstverständnisse der anderen Theologien rezipiert werden, um auf diese Weise der Spannung zwischen Selbst- und Fremdwahrnehmung zumindest ansatzweise gerecht zu werden und möglicherweise bestehenden »blinden Flecken« der einen oder anderen Perspektive auf die Spur zu kommen.[17] Wie beim ersten Schritt, ist es auch hier wichtig, die Dynamik und Prozessualität der anderen Kontexte sowie die konkrete Individualität bei einzelnen Theologien zu berücksichtigen.

Gut illustriert werden kann dies an den christologischen Ansätzen von Edward Schillebeeckx und Jacques Dupuis, die das Anliegen teilen, eine für ihren jeweiligen Kontext – einerseits die säkulare Moderne im Europa der zweiten Hälfte des 20. Jahrhunderts und andererseits der religiöse Pluralismus in Asien – sprachfähige und relevante Christologie zu entwerfen.[18] Beide sind sich der für die katholische Kirche vom II. Vatikanum u. a. in *Gaudium et spes* ausgedrückten konstitutiven Bedeutung der Welt für die Kirche (bzw. des »Außen« für das »Innen«) bewusst und stellen sich den konkreten Herausforderungen, indem sie nicht nur auf sprachlicher Ebene neue Konzeptionierungen des christlichen Glaubens vorschlagen, die ihrem Selbstverständnis nach jedoch eine lebendige Weiterführung der Tradition – und als solche mit einem unübersehbaren Zeitindex versehen – sind.

Kenntnis der anderen Theologien und Dialog mit ihnen

Auf der Basis der Kenntnis des Kontextes anderer kontextueller Theologien kann die direkte Auseinandersetzung mit ihnen erfolgen, indem sie zunächst gründ-

Text das Identitätskriterium jeder kontextuellen Theologie. Die Kriterien für die kontextuelle Theologie werden also gewissermaßen im hermeneutischen Prozess selbst generiert.« Küster, Einführung, 60.

[17] Letzteres gilt natürlich auch bei der Analyse des eigenen Kontextes und Selbstverständnisses.

[18] Vgl. Edward Schillebeeckx, Jesus. Die Geschichte von einem Lebenden, Freiburg i. Br. u. a. 1975; Ders., Christus und die Christen. Die Geschichte einer neuen Lebenspraxis, Freiburg i. Br. u. a. 1977; Jacques Dupuis, Unterwegs zu einer christlichen Theologie des religiösen Pluralismus, Innsbruck 2010.

lich zu studieren sind und anschließend der Dialog mit ihnen geführt wird. Dies ist nicht als eindeutige chronologische Folge zu verstehen, da im Idealfall das Studium dialogische Elemente enthält und der Dialog die Kenntnis vertieft. So sollten sich (eigenständiges) Studium der Texte (oder anderen Übermittlungsformen) anderer kontextueller Theologien und lebendiger Austausch mit ihren Vertretern_innen ergänzen, was aus hermeneutischer Sicht wohl am besten in einer Art »Übersetzungsgemeinschaft« in Anlehnung an die sogenannte »Übersetzerschule von Toledo« bzw. genauer die dort im 12. und 13. Jahrhundert erfolgten Übersetzeraktivitäten geschieht, bei denen oft ein Zusammenwirken arabisch- und lateinkundiger Autoren festzustellen ist. »Die Übersetzung der Fremdheit der Fremden muss also als eine *kollektive* Aufgabe verstanden werden, worunter ich genau die geduldige herausfordernde Zusammenarbeit einer *Übersetzungsgemeinschaft* verstehe, die ... Ausdruck der *Lebensgemeinschaft* mit den Fremden ist und die daher Fremde selbstverständlich als Mitübersetzer fungieren läßt.«[19] Dies stellt hohe Anforderungen – allein schon sprachlicher Art – an alle Beteiligten, wenn nicht lediglich in einer europäischen Sprache publizierte Theologien berücksichtigt werden sollen. »Dialog« ist dann auch nicht nur als rationaler Austausch von Argumenten zu verstehen, sondern beinhaltet vor allem auch die Begegnung konkreter Menschen miteinander.[20]

Dabei erscheint es sinnvoll – nicht unähnlich einer Vorgehensweise im innerchristlichen ökumenischen Dialog –, ausgehend von der Kenntnis des je anderen Kontextes und seiner Herausforderungen für eine ihm verpflichtete Theologie, zunächst die jeweiligen grundlegenden (hermeneutischen und fundamentaltheologischen) Weichenstellungen in den Blick zu nehmen, d. h. zu fragen, welches Selbstverständnis jeweils vorliegt, wie Theologie getrieben wird, wie und was unter Rationalität und Vernunft verstanden wird, nach welchen Kriterien Argumente als solche anerkannt und gewichtet werden, welche Quellen in welcher Hierarchisierung als theologische Erkenntnisorte gelten, welche Fragestellungen vorherrschend sind, welches Erkenntnisinteresse primär verfolgt wird etc. Wenngleich dies in der praktischen Durchführung jeweils an konkreten materialen Fragen illustriert werden wird, bei denen sich die Konsequenzen der unterschied-

---

[19] Raúl Fornet-Betancourt, Hermeneutik und Politik des Fremden, in: Wolfdietrich Schmied-Kowarzik, Verstehen und Verständigung. Ethnologie – Xenologie – interkulturelle Philosophie, Würzburg 2002, 49–59, 53.
[20] Vgl. dazu auch Wrogemann, Theologie, 32, mit dem Beispiel der Symbolik offizieller Begegnungen für nonverbale Dialoge.

lichen Voraussetzungen zeigen, sollten diese zunächst nicht im Vordergrund stehen, um mögliche Missverständnisse zu vermeiden, die sich unterschiedlichen Hintergrundannahmen verdanken.

Dieser Dialog ist wie der sich daran anschließende über materiale theologische Fragen und Themenkomplexe wie die klassischen dogmatischen Traktate, aber auch moraltheologische oder liturgiewissenschaftliche Überlegungen insofern ergebnisoffen zu führen, als dass (wie in der Interkulturellen Philosophie) die eigene Position in Form eines *tentativen Zentrismus* vertreten werden kann, bei dem ich von der Überzeugungskraft meiner Argumente überzeugt bin, gleichwohl aber auch prinzipiell diese und die eigene Tradition infrage stelle.[21] Sich auf den Dialog mit anderen kontextuellen Theologien einzulassen, bedeutet nicht, die eigene Identität aufzugeben und kritiklos Elemente und Grundüberzeugungen dieser zu übernehmen, sondern in einem kritischen Dialog herauszufinden, in welchen Bereichen die eigene Position Schwächen aufweist, die durch Rezeption anderer Theologien behoben werden können, und wo Stärken bestehen, die anderen weiterhelfen können. Aufgrund der jeweils gewählten grundlegenden Voraussetzungen und des jeweiligen Selbstverständnisses wird dies wahrscheinlich nicht immer möglich sein, da bei einer Betonung bestimmter Akzente andere notwendigerweise vernachlässigt werden, sodass im Dialog zusätzlich über die Komplementarität der verschiedenen Positionen zu reden sein wird. Ein auf diese Weise geführter Dialog, in dem die eigene Tradition bzw. Position infrage gestellt wird und damit das Potenzial für Konflikt oder fruchtbare Wechselwirkung eröffnet wird, mündet zwangsläufig im dritten Schritt, nämlich der Frage nach der möglichen Rezeption der anderen Theologien und der damit verbundenen Transformation der eigenen.

Rezeption und Transformation

Einer möglichen Transformation der eigenen Position geht eine grundlegende Selbstvergewisserung voraus, die schon und vermutlich gerade im Dialog über die Grundvoraussetzungen des jeweiligen Theologietreibens erfolgt. Er hilft dabei, sich der eigenen bewusst(er) zu werden und sie zu hinterfragen – beispiels-

---

[21] Vgl. dazu in Abgrenzung von einem expansiven oder integrativen Zentrismus Wimmer, Philosophie, 15–17.

weise hinsichtlich der Verhältnisbestimmung von Individuum und Gemeinschaft, die in »westlichen« Kreisen stärker das Individuum und in afrikanischen oder asiatischen Gesellschaften oft stärker die Gemeinschaft betont –, und ist überdies der Bereich, in dem die anderen Theologien die eigene am stärksten herausfordern und insbesondere die lange Zeit vorausgesetzte Universalität der abendländisch-europäischen Tradition als problematische Annahme herausstellen. Für in dieser Tradition stehende Theologien gehören hierzu der bereits erwähnte »epistemologische Bruch« und der mit ihm verbundene Primat der Praxis vieler kontextueller Theologien, aber auch kosmozentrische Weltanschauungen wie diejenige andinen Denkens, womit »das Verhältnis theologischen Sprechens und Denkens zur kosmischen Dimension« und damit verbunden »die implizite Kritik am (vermeintlichen) oder wirklichen Anthropozentrismus europäisch-abendländischer Theologie«[22] thematisiert wird.

Solche Herausforderungen müssen ebenso wenig wie diejenigen, die sich bei theologischen Einzelfragen ergeben, zwangsläufig durch positive Rezeption die eigene Theologie tiefer gehend verändern, da die in der Interkulturellen Theologie durch den Dialog der kontextuellen Theologien anvisierte Perspektivenvielfalt schon für den Dialog über diese Grundvoraussetzungen gilt und nicht auszuschließen ist, dass zwischen verschiedenen Grundvoraussetzungen unvereinbare Widersprüche bestehen. Überdies gehört es zu den Prinzipien eines interkulturellen Dialogs, nicht nur bereit zu sein, die eigene Position grundsätzlich zu hinterfragen, sondern auch Kritik an anderen Positionen zu äußern. Andere Kulturen sind zu achten und respektieren, aber wenn wir sie als problematisch oder sogar als schädlich ansehen, können wir »die Verpflichtung haben, solche Kulturen zu bekämpfen, aber wir können nicht unsere eigene zum universellen Paradigma erheben, um die anderen zu verurteilen«[23]. Zu den möglichen Kriterien, aufgrund derer eine solche wechselseitige Kritik möglich ist, kann gehören, ob die Fähigkeit des Menschen zur Selbsttranszendenz befördert oder behindert

---

[22] Estermann, Apu Taytayku, 193.

[23] Raimundo Panikkar, Religion, Philosophie und Kultur, in: polylog 1 (1998), 13–37, hier: 23. Ein Beispiel für die dabei zu wählende Vorgehensweise kann die von Holenstein formulierte »Vos-quoque«-Regel sein, bei der man Menschenrechte nicht »überall in der gleichen Weise und in derselben formal-rechtlichen Gestalt, wie sie sich im Westen durchgesetzt haben, durchzusetzen drängt«, sondern ausgehend von gemeinsamen Wertvorstellungen zeigt, wie menschenrechtskonformes Verhalten in der kultureigenen Philosophie der Gesprächspartner_innen zugrunde gelegt ist. Elmar Holenstein, Ein Dutzend Daumenregeln zur Vermeidung interkultureller Missverständnisse, in: Ders., Kulturphilosophische Perspektiven. Schulbeispiel Schweiz. Europäische Identität auf dem Prüfstand. Globale Verständigungsmöglichkeiten, Frankfurt a. M. 1998, 288–312, hier: 298.

wird. Universalität als Solidarität bzw. regulative Idee oder Zielperspektive zu verstehen, bedeutet nicht, Unterschiede und Gegensätze ungeprüft nebeneinanderher bestehen zu lassen, sondern zunächst andere Theologien (bzw. Philosophien) als relevant für das eigene Selbstverständnis bewusst anzuerkennen und mit ihnen einen gleichberechtigten Dialog zu führen. Als (zumindest) regulative Größen verhindern Universalität und Wahrheit, dass aus der Anerkennung kultureller Vielfalt ein beliebiger Relativismus folge »und aus dem Dialog ein gleichgültiges Gerede werde«[24]. Es bleibt also der Anspruch bestehen, für alle Menschen bedeutsam zu sein, ohne diesen machtvoll durchsetzen zu wollen.

Werden nach Klärung der jeweiligen grundlegenden Voraussetzungen einzelne theologische Fragestellungen in den Blick genommen, gelten die gleichen Prinzipien der Bereitschaft, die eigene Position zu hinterfragen sowie Kritik zu äußern. Auf diese Weise können mögliche Defizite, Schwachstellen oder problematische Akzentsetzungen deutlich und gegebenenfalls durch Rezeption entsprechender Elemente anderer Theologien – sofern sie im eigenen Interpretationsrahmen adaptiert werden können – bearbeitet werden. Nicht zu unterschätzen ist dabei die ideologiekritische Komponente, die durch den Hinweis auf mögliche nicht verallgemeinerbare Konsequenzen theologischer (und philosophischer) Positionen z. B. im sozialethischen Bereich die Verstrickung dieser Positionen in Partikularinteressen aufdecken kann. Beispiele aus der interkulturellen Christologie sind zum einen die Entdeckung der Gegenwart Jesu Christi in den Armen und Unterdrückten, die an die jedem Menschen zukommende Würde erinnert und als Identifikationsangebot vielen einen neuen Zugang zur traditionellen Interpretation des Kreuzestodes Jesu eröffnet, und zum anderen Christologie und Kreuz als kritische Instanz mit Anstößen zur Systemveränderung oder Kulturkritik.[25] Darüber hinaus zeigt sich auch oft eine große ökumenische Verbundenheit angesichts der gemeinsamen Herausforderungen durch den Kontext, beispielsweise durch Armut und Unterdrückung oder kulturelle und religiöse Andersheit, die innerchristliche konfessionelle Differenzen in den Hintergrund treten lassen.

[24] Raúl Fornet-Betancourt, Zur Philosophie des (interkulturellen) Dialogs in einer konfliktiven Welt, in: Ders., Beiträge zur interkulturellen Zeitdiagnose, Aachen 2010, 75–88, hier: 88.
[25] Vgl. Küster, Einführung, 223.

Implizite ökumenische und interreligiöse Dimension

Besitzt Interkulturelle Theologie somit ein hohes Potenzial für die innerchristliche Ökumene bzw. kann ihr eine implizite ökumenische Dimension zugesprochen werden, insofern sie qua Analyse des jeweiligen Kontextes auch die Kontextabhängigkeit mancher ökumenisch-theologischer Fragestellungen (oder zumindest ihres Stellenwertes) deutlich machen kann, stellt sich abschließend die Frage, ob Ähnliches für die interreligiöse Ebene ausgesagt werden kann. Angesichts des dezidierten Vorschlags von Perry Schmidt-Leukel beschränke ich mich hier auf einige kurze grundlegende Überlegungen.

Während für den westeuropäischen und insbesondere deutschsprachigen Kontext Fragen der innerchristlichen Ökumene nach wie vor große Herausforderungen (zumindest in der Theologie) darstellen und Fragen des interreligiösen Dialogs erst durch die zunehmende Präsenz von Gläubigen anderer Religionen auch konkret relevant und virulent wurden, war das Christentum in anderen Regionen, insbesondere Asien, aber auch in Afrika oder Südamerika schon viel früher mit anderen Religionen und einer eigenen Minderheitenposition konfrontiert. Niederschlag dessen sind kontextuelle Theologien, die sich primär der Auseinandersetzung mit einem Kontext religiöser Andersheit widmen (oft als »Dialogtheologien« in Unterscheidung zu »Inkulturationstheologien« gekennzeichnet) und die nicht selten von Personen wie Raimon Panikkar, Seiichi Yagi, Katsumi Takizawa, Chung Hyun-Kyung u. a. maßgeblich gestaltet werden, die mit einer anderen religiösen Tradition so vertraut sind, dass von einer »*second first language*« gesprochen werden kann.[26] Interkulturelle Theologie als Dialog unterschiedlicher kontextueller Theologien besitzt also allein schon durch die Teilnahme solcher kontextueller Theologien eine implizite interreligiöse Dimension, die zudem durch die hohe Bedeutung des jüdisch-christlichen und (zunehmend) des christlich-islamischen Gesprächs u. a. in Deutschland ergänzt wird. In der Vermittlung durch solche durch interreligiöse Herausforderungen geprägte kontextuelle Theologien sind andere Religionen allerdings lediglich als Abwesende präsent, nehmen aber nicht als eigene Dialogpartner teil. Eine solche anzuvisieren, ginge einher mit einem Plädoyer für eine nicht nur interkulturelle, sondern auch interreligiöse Transformation der Theologie, wofür neben der Erweite-

---

[26] Vgl. hierzu auch das Anliegen Komparativer Theologie sowie Reinhold Bernhardt/Perry Schmidt-Leukel (Hg.), Multiple religiöse Identität. Aus verschiedenen religiösen Traditionen schöpfen, Zürich 2008.

rung der Perspektivenvielfalt auch die hohe Bedeutung vieler Religionen für ihren konkreten Kontext spricht. Sie dann nur in abstrakter oder vermittelter Form zur Kenntnis zu nehmen, wird dieser nicht vollständig gerecht. Aus christlicher Perspektive ist allerdings u. a. aus offenbarungs- und inkarnationstheologischen Gründen eine solche interreligiöse Transformation der Theologie von der Entwicklung einer christlichen Theologie des religiösen Pluralismus zu begleiten.[27]

Methodisch dürfte es sich anbieten, eine solche interreligiöse Transformation ähnlich zu gestalten wie die oben beschriebene interkulturelle, sodass zunächst die Grundlagen im Zentrum stehen, was angesichts ihrer noch größeren Diversität noch gewichtigere Herausforderungen für die beteiligten Theologien bedeutet. Da zudem hier weniger als im innerchristlich-interkulturellen Dialog mit einer Komplementarität der unterschiedlichen Positionen und mehr mit kontradiktorischen Widersprüchen bei diesen Grundlagen zu rechnen ist, liegt es nahe, den Akzent stärker auf die praktischen Konsequenzen im Hinblick auf ein gutes Leben für alle (christlich ausgedrückt: das »Reich Gottes«) zu legen.

(Dr. Dr. Thomas Fornet-Ponse ist Abteilungsleiter Bildung bei missio Aachen e. V.)

ABSTRACT

This article proposes understanding intercultural theology both as method and aim meaning that intercultural theology, on the one hand, aims at universality (understood as solidarity of contextual theologies) and the successful dialogue of contextual theologies expressing the multiplicity of divine revelation and, on the other hand, is the method to reach this aim by connecting the different contextual theologies with each other and mediating the dialogue between them. A methodology may contain two steps: First, expressing the contextuality and culturality of one's own position and understanding its peculiarities. Second, aiming at universality via dialogue by getting into contact with other contexts and their theologies and a process of reception or transformation via this dialogue. Finally, the implicit ecumenical and interreligious dimension of intercultural theology is pointed out.

[27] Vgl. als ein (nicht-pluralistischer) Entwurf Dupuis.

Interkulturelle Theologie zwischen wissenschaftlichem Anspruch und einer »Mystik« der leibhaftigen Begegnung mit dem Anderen[1]

Sebastian Pittl

Begegnung als Methode?

Eine Stärke Interkultureller Theologie (IT) liegt in ihrer Sensibilität für die kontextuelle Bedingtheit jedes theologischen Diskurses. In dieser liegt begründet, dass das Projekt einer IT auch sich selbst nicht als abstrakte Metatheorie begreifen kann, sondern in kritischer Weise immer neu die Verortung in den kontextuellen Bedingungen suchen muss, in denen sie jeweils praktiziert wird.[2] Dem soll hier entsprochen werden, indem auch hinsichtlich der Methodenfragen zunächst einige Ambivalenzen skizziert werden, die sich bei dem Versuch einer Bestimmung der Methoden IT im Kontext der gegenwärtigen Wissenschaftswelt zeigen. Dieser Kontext bedingt, dass die Suche nach den Methoden IT als in zumindest doppelter Weise determiniert erscheint. Der vorliegende Beitrag plädiert mit Paul Tillich dafür, die Methoden IT von der spezifischen Form der vortheoretischen Realitätsbegegnung her zu bestimmen, auf die IT als wissenschaftliche Disziplin reflektiert. Es wird der Versuch unternommen, diese Realitätsbegegnung im Lichte dessen zu interpretieren, was Papst Franziskus in dem Dokument Evangelii Gaudium (EG) als »Mystik einer leibhaftigen Begegnung mit dem Anderen« beschreibt. Der Beitrag untersucht philosophische und theologische Hin-

---

[1] Ich danke Esther Berg für ihre inspirierenden Anregungen und Hinweise zu diesem Text.
[2] Beispielhaft hat dies etwa Werner Ustorf durchgeführt. Vgl. Werner Ustorf, The Cultural Origins of ›Intercultural Theology‹, in: Mission Studies 25 (2008), 229–251.

tergründe dieser »Mystik« und zeigt auf, welche Inspirationen von einer solchen »Mystik« für die Bestimmung der Methode IT, insbesondere hinsichtlich der Schärfung ihres theologischen Profils, ausgehen können. Anhand des Beispiels ethnographischer Forschung wird aufgezeigt, dass der Bezug auf die angesprochene »Mystik« trotz deren explizit christologischen Bestimmung durchaus in ein interdisziplinäres Gespräch mit Disziplinen gebracht werden kann, die in ihrem methodologischen Programm ähnliche Sensibilitäten erkennen lassen. Ein letzter Abschnitt benennt Schwierigkeiten und Chancen, die sich im gegenwärtigen akademischen Kontext bei dem Versuch ergeben, eine »Mystik leibhaftiger Begegnung mit dem Anderen« stärker in den Mittelpunkt der IT zu rücken.

Zur Ambivalenz methodologischer Diskussionen in der gegenwärtigen Wissenschaft

Warum soll sich IT überhaupt mit Fragen der Methode beschäftigen? Eine Antwort auf diese Frage scheint zumindest in zweifacher Weise möglich. Zum einen ist die Entwicklung einer eigenen Methodologie für eine junge Disziplin eine wissenschaftspolitische Notwendigkeit.[3] Nicht nur ist die Vergabe von Drittmittelgeldern, die für die universitäre Forschung an immer größerer Bedeutung gewinnen, zunehmend an den Aufweis einer strukturierten Methodik geknüpft, die Etablierung neuer wissenschaftlicher Disziplinen im universitären Fächerverband erfolgt heute stark über Distinktion und Wettbewerb. Um Mittel für eine neue Forschungsrichtung zu lukrieren, muss gezeigt werden können, warum diese in der Lage ist, bestehende Fragen und Probleme besser zu lösen als bereits bestehende Disziplinen und Ansätze. Differenzen zwischen unterschiedlichen Ansätzen und Methoden werden unter Wettbewerbsbedingungen in der Regel aber überzeichnet bzw. paradigmatisiert, was zu nicht unwesentlichen Verzerrungen und einem Denken in Kategorien des »Entweder-oder« anstatt des »Sowohl-als-auch« führt.[4]

---

[3] Dies war neben anderen einer der Gründe für die thematische Schwerpunktsetzung des 5. Kongresses der European Society for Intercultural Theology and Interreligious Studies »Shifting Locations – Reshaping Methods. How New Fields of Research in Intercultural Theology and Interreligious Studies Elicit Methodological Extension« (15.–18. 4. 2015, Lublin).

[4] In dieser Hinsicht ist wohl auch eine gewisse Vorsicht angebracht gegenüber Tendenzen, die Unterscheidung von Interkultureller Theologie, Komparativer Theologie, Missionswissenschaft etc. zu weit zu

Vertreterinnen IT verfügen in der Regel über reiche Erfahrung mit den Konstruktionsprozessen der jeweils *eigenen* Identität in Abgrenzung von den dadurch oft erst produzierten *anderen*. Sie sollten deshalb in besonderer Weise aufmerksam sein für analoge Logiken innerhalb der Wissenschaft selbst. Wenn sich IT innerhalb der gegenwärtigen Universitätslandschaft behaupten will, muss sie sich jedoch in irgendeiner Weise zu diesen Dynamiken verhalten. Die Disparatheit der unter dem Titel »Interkulturelle Theologie« zu findenden methodischen Ansätze und inhaltlichen Schwerpunktsetzungen entfaltet jedenfalls eine gewisse Zentrifugalkraft, die eine markante Profilierung im oben genannten Sinn erschweren und die Etablierung des Faches als eigenständige Disziplin unter den gegenwärtigen Bedingungen verkomplizieren.[5] In dieser Hinsicht steht die IT vor analogen Herausforderungen wie andere Querschnittsdisziplinen wie z. B. die »Queer und Gender Studies« oder die »Postcolonial Studies«.

Was die Profilierung erschwert, kann umgekehrt aber auch als besondere Stärke identifiziert werden, fordert die Breite der Methoden und Schwerpunkte doch in besonderer Weise zu inter- und transdisziplinärem Arbeiten heraus und fördert damit ein vieldimensionales Denken, Kreativität und Innovation.[6]

Neben wissenschaftspolitischen Überlegungen gibt es jedoch noch einen zweiten, gleichsam intrinsischen Grund, der die Beschäftigung mit Fragen der Methodik für die IT notwendig macht: Die Sache, um die es ihr geht selbst. Bereits die scheinbar triviale Option für die Bestimmung der Methodik IT von ihrer »Sache« her ist dabei methodisch relevant: »Jede Wirklichkeit verlangt zu ihrem Verständnis eine bestimmte Methode, und dieser sollte man folgen; die Wirk-

---

treiben. Begriffliche und methodische Klärungen sind gewiss nötig, sollten aber stets in Auseinandersetzung mit dem jeweiligen Untersuchungsgegenstand geführt werden. Es muss von »der Sache selbst« her gezeigt werden können, welche unterschiedlichen Perspektiven die unterschiedlichen Ansätze in Bezug auf die Auseinandersetzung mit konkreten Phänomenen eröffnen. Es scheint für alle Seiten zielführender zu sein, den Fokus auf die gemeinsamen Schnittflächen und die mögliche Komplementarität unterschiedlicher Perspektiven zu richten als auf die wissenschaftspolitische Grenzziehung.

[5] Vgl. Markus Luber/Sebastian Pittl, What is and to what end we need »intercultural theology«, in: Alberto Trevisiol (Hg.), Il cammino della missione. A cinquant'anni dal decreto Ad gentes, Rom 2015, 461–476.

[6] Nach Mittelstraß geschieht wissenschaftliche Innovation vor allem »an den Rändern der Fächer und Disziplinen, d. h. im Übergang zu Nachbarfächern und Nachbardisziplinen, nicht in den fachlichen und disziplinären Kernen, wo das Lehrbuchwissen sitzt«. Jürgen Mittelstraß, Die Modernität der klassischen Universität, Marburg 2002, 5. Dies gilt noch mehr, wenn man unter Transdisziplinarität nicht nur, wie bei Mittelstraß, die strukturelle Zusammenarbeit über verschiedene wissenschaftliche Disziplinen hinweg versteht, sondern auch die strukturelle Zusammenarbeit zwischen Wissenschaft und anderen sozialen Akteuren miteinbezieht. Vgl. dazu Andreas Novy/Barbara Beinstein u. a., Methodologie transdisziplinärer Entwicklungsforschung, Wien 2008, 31–39.

lichkeit bietet sich uns auf verschiedene Weisen dar, und unser Erkenntnisvermö-gen sollte für diese auch verschiedene Methoden finden.«[7] Der in diesem Zitat von Paul Tillich ausgesprochene Primat des Erkenntnisgegenstands gegenüber den Methoden aktualisiert sich zwar für gewöhnlich innerhalb eines Zirkels, in-sofern sich durch die angemessene Auswahl der Methoden eine vertiefte Sicht auf den Erkenntnisgegenstand ergibt, von der her sich wiederum auch die Metho-den adaptieren oder korrigieren lassen. Der Primat innerhalb dieser Bewegung bleibt jedoch beim Gegenstand. Daraus ergibt sich als eine erste Konsequenz, dass methodische Klärungen nicht am Anfang einer Wissenschaft stehen kön-nen.[8] Den Anfang bildet eine Interaktion mit dem Erkenntnisgegenstand, die ihren Ursprung meist in Formen des alltäglichen, vortheoretischen Umgangs mit diesem hat. Man sammelt Erfahrungen, versucht zu verstehen, tauscht sich aus, diskutiert, gerät in Widersprüche, beginnt von Neuem, und erst in einem zweiten Schritt reflektiert man darüber, welche Vorgehensweisen sinnvoll waren, welche gescheitert sind, und denkt über die Gründe für das Gelingen oder Scheitern nach. Dies ist ein hoch dynamischer Prozess, der in den seltensten Fällen zu eindeutigen Ergebnissen führt. Meist wird sich herausstellen, dass es die »besten Methoden« nicht gibt, dass z. B. manche Methoden nur in bestimmten Phasen des Erkenntnisprozesses sinnvoll waren, in anderen Phasen aber wenig tauglich oder dass man sich je nachdem, welche Interessen man verfolgt, für einander bisweilen ausschließende Optionen entscheiden muss. Methoden, die zu einer höheren Präzision und Eindeutigkeit führen, verdecken zumeist die Vieldimen-sionalität und den Reichtum bzw. die Ambivalenz des Gegenstandes. Methoden, die diesen Reichtum sichtbar machen wollen, verlieren für gewöhnlich an Präzi-sion und Vergleichbarkeit.

Dies zu betonen scheint auch heute notwendig, ist der Primat des Erkenntnis-gegenstandes und seiner Eigenart gegenüber der Methode im Sog der modernen Naturwissenschaft doch zunehmend erodiert. Die Stationen dieses Weges sind

---

[7] Paul Tillich, Das Problem der theologischen Methode, in: Ergänzungs- und Nachlassbände zu den Gesammelten Werken von Paul Tillich, Bd. 4, Stuttgart 1975, 19–35, hier: 20.

[8] »Fragen der Methode gehen im Gegensatz zu dem, was Descartes und seine Anhänger dachten, der intellektuellen Tätigkeit, die sich dann in einem zweiten Schritt mit der Lösung bestimmter Probleme beschäftigen könnte, nicht voraus. Ihnen eignet sogar in einem zeitlichen Sinn eine gewisse Nachrangig-keit. ... Nicht nur die Lehrmeinungen und die Theorien, auch die Methoden haben ihren eigenen ›herme-neutischen Zirkel‹. Dies zu ignorieren würde bedeuten, jeglichen Kritikversuch unkritisch zu begin-nen.« Ignacio Ellacuría, Zur Begründung der lateinamerikanischen theologischen Methode (1975), in: Ders., Eine Kirche der Armen. Für ein prophetisches Christentum, Freiburg i. Br. 2011, 44–73, hier: 44 [Übersetzung geringfügig geändert nach dem spanischen Original].

bekannt: Mit Descartes reduziert sich die Vielzahl von gültigen Erkenntnisweisen und Seinsarten, mit denen etwa noch Aristoteles rechnet[9], auf die zweidimensionale Ontologie von »res extensa« und »res cogitans«. Der Galilei zugeschriebene Leitspruch »Messen, was messbar ist, und messbar machen, was nicht messbar ist« formuliert ein Programm, das die gesamte Realität einem einheitlichen quantifizierenden Maßstab unterwirft. Francis Bacon schließlich will nichts als sicheres Wissen gelten lassen, was nicht zuvor der experimentellen Überprüfung unterzogen wurde.[10] »Wissen« wird in diesem Prozess auf »Gewissheit« reduziert und seit Bacon explizit auf Naturbeherrschung ausgerichtet. Der ungemeine Erfolg der naturwissenschaftlichen Methode(n) hat diese während der letzten Jahrhunderte zum Paradigma wissenschaftlichen Arbeitens schlechthin werden lassen, was sich heute in der unterschiedlichen Zuwendung von Forschungsgeldern deutlich zum Ausdruck bringt. Wissenschaften, die diesem Paradigma nicht entsprechen, geraten heute weltweit in die Defensive, was entsprechende Verteidigungsreflexe auslöst, die ihren Niederschlag auch in methodologischen Diskussionen finden. Natürlich haben die Geistes- und Kulturwissenschaften in diesem Prozess die naturwissenschaftliche Methodik nicht einfach übernommen. Die erstmals von Droysen vollzogene, danach von Dilthey und Weber weiterentwickelte Unterscheidung von »Erklären« und »Verstehen« zielt ebenso wie die spätere Differenzierung von quantitativen und qualitativen Forschungsmethoden darauf, unterschiedliche Seinsarten innerhalb der Bereiche der Geistes-, Sozial- und Kulturwissenschaften und dementsprechend unterschiedliche Methodiken wissenschaftlichen Arbeitens plausibel zu machen.[11] Dennoch scheinen auch in den Geisteswissenschaften die Exaktheit, Gewissheit und »Objektivität« naturwissenschaftlicher Methodik insgeheim als Idealbild weiterhin wirkmächtig präsent zu sein.[12] Wenn der Eindruck nicht trügt, zeigt

---

[9] »Denn es ist ein Kennzeichen eines gebildeten Geistes, auf jedem einzelnen Gebiete nur dasjenige Maß von Strenge zu fordern, das die eigentümliche Natur des Gegenstandes zuläßt.« Vgl. Aristoteles, NE I 1.

[10] Vgl. René Descartes, Meditationen über die Grundlagen der Philosophie, Hamburg 1977²; Ders., Discours de la méthode, Hamburg 1969; Francis Bacon, Neues Organon, Darmstadt 1999.

[11] Johann Gustav Droysen, Grundriss der Historik, Berlin 1862; Wilhelm Dilthey, Der Aufbau der geschichtlichen Welt in den Geisteswissenschaften, Berlin 1910; Max Weber, Gesammelte Aufsätze zur Wissenschaftslehre, Tübingen 1985⁶; vgl. auch die entsprechenden Debatten im sogenannten »Positivismusstreit«, dokumentiert in Theodor W. Adorno u. a., Der Positivismusstreit in der deutschen Soziologie, München 1993.

[12] Paul Rozin konnte 2014 in einer Studie nachweisen, dass psychologische Fachzeitschriften die Begriffe »Wissenschaft«, »empirisch« und »Experiment« weit häufiger verwenden als physikalische oder chemische Fachzeitschriften. Wissenschaften, die um ihren wissenschaftlichen Status zu kämpfen haben, scheinen diesen bisweilen dadurch zu verteidigen, dass sie eine gewisse Form der Wissenschaftlichkeit nach

sich dies in Tendenzen zur Formalisierung und Operationalisierung wissenschaftlichen Arbeitens auch innerhalb der Geistes-, Sozial- und Kulturwissenschaften, sogar innerhalb der sogenannten »qualitativen« Methoden. In der »*grounded theory*« spielt die »Kodierung von Daten« eine entscheidende Rolle. ForscherInnen, die sich auf Teilnehmende Beobachtung stützen, begründen die Notwendigkeit derselben bisweilen mit der nur so erreichbaren »Datenqualität«[13]. Waltet hier nicht terminologisch dieselbe Reduzierung auf eindimensionale Information, die die Vielschichtigkeit des untersuchten Phänomens gerade zum Verschwinden bringt?[14]

Die Subjektivität des Forschenden kommt in einer solchen Perspektive jedenfalls weniger als kritisch zu reflektierender Ausgangspunkt wissenschaftlicher Forschung, denn als möglichst zu neutralisierende Quelle der Ideologisierung in den Blick. Die Idolenlehre Francis Bacons[15] mit ihrem Misstrauen gegenüber den Täuschungen der subjektiven Wahrnehmung scheint insgeheim auch die Methodik der Geistes- und Kulturwissenschaften tief zu prägen. Damit ist nicht gesagt, dass formalisierte und operationalisierte Methoden in den Geistes-, Kultur- und Sozialwissenschaften nicht auch sinnvoll und notwendig sind, zum Problem wird die angesprochene Szientifizierung jedoch dort, wo die »Begegnung« mit dem Erkenntnisgegenstand im Namen eines abstrakten Erkenntnisideals verzerrt oder verhindert wird. Tillich wies in dem bereits zitierten Text darauf hin, dass nichts für die Erkenntnis »von größerem Nachteil [ist] als die Anwendung von Methoden, die eine wirkliche Begegnung verhindern oder ihr Verständnis mit einem Vorurteil belasten«.[16] Noch früher hatte Martin Heidegger festgehalten, dass »je echter ein Methodenbegriff sich auswirkt und je umfassender er den grundsätzlichen Duktus einer Wissenschaft bestimmt, [desto] ursprünglicher …

---

innen und außen umso vehementer (und in dieser Vehemenz oft unkritischer) einfordern als andere. Vgl. Paul Rozin u. a., Asymmetrical Social Mach Bands. Exaggeration of Social Identities on the More Esteemed Side of Group Borders, in: Psychological Science, 20.8.2014, DOI: 10.1177/0956797614545131.

[13] Vgl. Tatjana Thelen, Wege einer relationalen Anthropologie. Ethnographische Einblicke in Verwandtschaft und Staat, Wien 2015, 2; http://ksa.univie.ac.at/fileadmin/user_upload/i_kultur_sozialanthropologie/PDF/VWPE/vwpe04.pdf (20.12.2016).

[14] Radikale Kritik nicht nur an der Idee »exakter« und »objektiver« Repräsentation, sondern an dem Glauben an die Repräsentierbarkeit der Realität durch Wissenschaft an sich, formulierten zuletzt Proponenten sogenannter »*non-representational methodologies*«. Vgl. exemplarisch Phillip Vannini (Hg.), Non-representational methodologies. Re-envisioning research, New York 2015. Auch in der von Vannini verfassten Einleitung zu diesem Werk spielen freilich die »Daten« und »Sammeln von Daten« eine wichtige Rolle.

[15] Vgl. Bacon, Neues Organon, 99–146.

[16] Tillich, Zur Methode, 20.

er in der Auseinandersetzung mit den Sachen selbst verwurzelt« sei und »umso weiter entfernt von dem, was wir einen technischen Handgriff nennen«.[17]

Für die Entwicklung einer Methodik IT ergeben sich aus dem Gesagten zwei allgemeine Grundsätze: Erstens die Aufgabe, die Methodik entgegen der Versuchung einer artifiziellen Verwissenschaftlichung durch standardisierte Methoden tatsächlich konsequent am jeweiligen Gegenstand der Forschung und seiner spezifischen Eigenart herauszubilden und von daher bereits bestehende Vorgangs- und Verfahrensweisen stets neu zu modifizieren und zu kritisieren. Zweitens, gegenüber der szientifistischen Reduktion des Wissens und Erkennens auf Information(serwerb), deren subjektive Seite, d. h. ihre ästhetischen, ethischen, affektiven, spirituellen und leibhaften Dimensionen, in den Forschungsprozess zu integrieren.[18] Dass der Forschende ein leibhaftes, sozial und geschichtlich situiertes Subjekt ist, das in konkrete Lebenswelten eingebunden ist und bestimmte Interessen verfolgt, ist zwar stets kritisch zu reflektieren, jedoch ebenso sehr konstitutiver Ermöglichungsgrund von Erkenntnis[19] wie Quelle von Ideologisierung.

Begegnung als Gegenstand IT

Das Votum dafür, die Methodik IT von ihrem Gegenstand her zu bestimmen, führt zur Frage, worin der Gegenstand IT eigentlich besteht. Tillich hatte als Bedingung der Möglichkeit wissenschaftlicher Theologie geltend gemacht, dass es eine besondere, vortheoretische »Begegnung mit der Wirklichkeit – oder eine besondere Art, wie sich die Wirklichkeit uns aufdrängt – gibt, die man gewöhnlich als ›religiös‹ bezeichnet«.[20] Dies lässt sich für die IT modifizieren, indem

---

[17] Martin Heidegger, Sein und Zeit, Tübingen 1967[11], 27.
[18] Hierin kann ein verengter westlicher Blick auf »Wissenschaft« und »Rationalität« nicht nur von der abendländischen Tradition selbst, sondern auch von anderen Kulturen lernen. Vgl. dazu die Beiträge in Raúl Fornet-Betancourt (Hg.), Bildungstraditionen, Spiritualität und Universität. Perspektiven zur interkulturellen Transformation akademischer Ausbildung, Aachen 2015.
[19] Der Soziologe Loïc Wacquant hat in diesem Sinn für eine »*carnal sociology*« plädiert: »Sociology must endeavor to clasp and restitute this carnal dimension of existence, which is ... shared in various degrees of visibility by all women and men, through a methodical and meticulous work of detection and documentation, deciphering and writing liable to capture and to convey the taste and the ache of action, the sound and the fury of the social world that the established approaches of the social sciences typically mute when they do not suppress them altogether.« Loïc Wacquant, The Taste and Ache of Action, in: Ders., Body & Soul. Notebooks of an Apprentice Boxer, Oxford 2004, vii-xii, hier: vii.
[20] Tillich, Zur Methode, 20.

man sagt, Voraussetzung IT ist es, dass es eine vortheoretische *interkulturell* geprägte »religiöse« Form der Begegnung zwischen Menschen sowie zwischen Menschen und der von ihnen geteilten Realität gibt. Obwohl der genaue Gehalt und die Sinnhaftigkeit der Begriffe »Kultur« und »Interkulturalität« in den letzten Jahren auch unter Vertretern IT strittig geworden ist, glaube ich, dass man weiterhin in einer sinnvollen Weise von kulturellen Differenzen und damit auch von »interkultureller Begegnung« sprechen kann. Kulturen sind keine stabilen Essenzen, sondern unterliegen einer historischen und sozialen Dynamik und sind stets mehr oder weniger hybride, jedenfalls vielschichtige und mehrdimensionale Gebilde. Differenzen zwischen Kulturen sind demnach keine statischen, ontologischen Differenzen, sondern Differenzen, die sich in komplexen Interaktionsverhältnissen einstellen, sich dabei jedoch auch in Sprachen und Räumen, politischen und sozialen Institutionen, Gesten und Praktiken sowie in der Konstitution der Körper selbst materialisieren und für einen gewissen Zeitraum auch relative Stabilität gewinnen und in diesem Sinn sehr wirkmächtige und *reale* Differenzen sind.[21]

Wenn die vorreflexive Begegnung mit dem so verstandenen kulturell *Anderen* als Gegenstand IT geltend gemacht wird, muss ihre Methode von dieser spezifischen Begegnung her bestimmt werden. Unterschiede bezüglich der Methodik ergeben sich folglich aus unterschiedlichen Bestimmungen dieser Begegnung. Der vorliegende Beitrag hat nicht die Absicht, die Bestimmung dieser Begegnung zu monopolisieren. Er möchte im Folgenden jedoch auf Inspirationsquellen aufmerksam machen, die für die Bestimmung dieser Begegnung in dem nachsynodalen päpstlichen Schreiben Evangelii Gaudium (EG) zu finden sind. Die dort thematisierte »Mystik der leibhaftigen Begegnung mit dem Anderen«[22] scheint mir geeignet, sowohl das spezifisch *theologische* Profil IT zu schärfen als auch eine Grundorientierung IT geltend zu machen, die möglicherweise die Integrationskraft hat, ein breites Spektrum unterschiedlicher Forschungsansätze und Methoden auf ein gemeinsames Anliegen zu beziehen. Etwas später werde ich mich

---

[21] Vgl. dazu auch die entsprechenden Überlegungen von Andreas Reckwitz, nach dem für das Kulturelle und Soziale gleichermaßen gilt, dass sie »ihre relative (wenngleich keineswegs vollständige) Reproduktivität in der Zeit und im Raum durch ihre materiale Verankerung in den mit inkorporierten Wissen ausgestatteten Körpern« gewinnen. Andreas Reckwitz, Grundelemente einer Theorie sozialer Praktiken, in: Zeitschrift für Soziologie 32/4 (August 2003), 282–301, hier: 291.

[22] Franziskus verwendet in der Nummer 87 von EG den Begriff der »Mystik« unter Anführungszeichen. Der Begriff »Mystik der leibhaftigen Begegnung mit dem Anderen« findet sich im Dokument in dieser Form nicht. Er fasst jedoch in prägnanter Form zusammen, was in EG in verschiedenen Paraphrasierungen umkreist wird. Vgl. dazu die entsprechenden Zitate weiter unten.

der Frage zuwenden, inwieweit diese Mystik der Begegnung nicht nur als *Gegenstand*, sondern in einem noch näher zu bestimmenden Sinn auch als *Methode* IT verstanden werden kann.

Die Motivation zu diesem Versuch hat, dies sei hier hinzugefügt, biografische Hintergründe. Mein eigener Zugang zur IT wurde wesentlich geprägt durch Austauschprogramme wie sie die Katholisch-Theologische Fakultät der Universität Wien nun schon seit zwei Jahrzenten in Kooperation mit dem Intercongregational Theological Center in Manila für Theologiestudierende aus Österreich und den Philippinen durchführt. Das Gespräch, der unmittelbare Kontakt und das Teilen des Alltags mit unterschiedlichen Bevölkerungsgruppen stehen bei diesem Dialogprogramm im Zentrum eines sich über zwei Jahre erstreckenden Lernprozesses.[23] Die in EG angesprochene »Mystik der Begegnung« enthält Momente, die auch wesentliche Inspirationsquellen für die Durchführung dieser Austauschprogramme sind.

Evangelii Gaudium und die »Mystik« einer leibhaften Begegnung mit dem Anderen

Ihre deutlichste Charakterisierung findet die »Mystik« der leibhaftigen Begegnung mit dem Anderen in der Nummer 88 von EG: »… das Evangelium [lädt] uns immer ein, das Risiko der Begegnung mit dem Angesicht des anderen einzugehen, mit seiner physischen Gegenwart, die uns anfragt, mit seinem Schmerz und seinen Bitten, mit seiner ansteckenden Freude in einem ständigen unmittelbar physischen Kontakt. Der echte Glaube an den Mensch gewordenen Sohn Gottes ist untrennbar von der Selbsthingabe, von der Zugehörigkeit zur Gemeinschaft, vom Dienst, von der Versöhnung mit dem Leib der anderen. Der Sohn Gottes hat uns in seiner Inkarnation zur Revolution der zärtlichen Liebe eingeladen.«

Der »Andere«, der hier in den Blick kommt, ist nicht nur der kulturell oder religiös Andere, sondern meint zunächst das alltägliche Gegenüber im Alltag und insbesondere den Armen. Was für die Begegnung mit dem Anderen in dieser allgemeinen Form gesagt wird, lässt sich jedoch unschwer für die interkulturelle Begegnung im Besonderen geltend machen.

---

[23] Dokumentiert und reflektiert sind die Erfahrungen dieses Austauschprogramms in Maria Katharina Moser/Veronika Prüller-Jagenteufel u. a., Gut(e) Theologie lernen. Nord-Süd-Begegnungen als theologisches Lernfeld, Ostfildern 2009.

Folgende Aspekte dieses Absatzes scheinen mir hinsichtlich der Bestimmung des Gegenstandes und der Methode IT von besonderer Relevanz:

a) Zunächst und vor allem die *Leiblichkeit* der Begegnung. Leibhaftige Begegnung spielt in EG eine zentrale Rolle. So ist wiederholt von »Berührung« (24, 270), »anlehnen« (87) und schließlich sogar vom Geruch die Rede, etwa wenn die in der Pastoral Tätigen aufgefordert werden, den »Wohlgeruch der Nähe und Gegenwart Jesu … wahrnehmbar [zu] machen« (169), und es von den Evangelisierenden heißt, sie seien an dem »Geruch der Schafe« (24) kenntlich.[24] Im spanischen Original kommt diese leibhafte Dimension noch deutlicher zum Ausdruck als in der deutschen Übersetzung. Dort ist nicht bloß von »physischem Kontakt«, sondern von einem »Körper an Körper« (»*cuerpo a cuerpo*«) die Rede sowie von einer Freude, die sich wie eine ansteckende Krankheit überträgt (»*contagiar*«). Der echte Glaube an den Mensch gewordenen Sohn Gottes sei nicht zu trennen von der Versöhnung nicht nur mit dem »Leib«, sondern noch tiefer mit dem »Fleisch«[!] (»*carne*«) des anderen.

Mit der Betonung der Leiblichkeit ist geltend gemacht, dass die Begegnung von Menschen im Sinn von EG nicht einfach die Begegnung von Weltanschauungen, von Sinn und Bedeutung, sondern von leibhaften Körpern ist. Vermittelt über den Körper begegnen wir dem Anderen nie »an sich«, sondern immer schon in einem bestimmten Zustand, in bestimmter Stimmung, mit unserer Müdigkeit und unseren Verletzungen, in Scham, Angst, Freude oder Trauer. Der menschliche Körper ist zwar keine reine, sondern immer schon sprachlich, symbolisch und geschichtlich vermittelte Natur, gleichzeitig geht er in dieser sprachlich-symbolischen Vermittlung jedoch nicht restlos auf, sondern bewahrt dieser gegenüber ein gewisses irreduzibles Moment, das sich innerhalb des Diskurses bisweilen als Lücke oder Störung geltend macht.[25] Körper gehen niemals restlos in Diskurse oder Texte auf. Die Befangenheit, die mit unserer Körperlichkeit gegeben ist, stand für Bacon der Objektivität der Erkenntnis entgegen. In EG erscheint sie im Gegenteil geradezu als Voraussetzung für wahrhaft menschliche Begegnung, ohne die sich uns der Andere nicht in seinem konkreten So-Sein zu erschließen vermag.[26]

---

[24] Der Geruch ist so wie die gustatorische und die in EG ebenfalls wiederholt angesprochene taktile Wahrnehmung in besonderer Weise ein Sinn der Nähe.

[25] Vgl. dazu etwa die Untersuchungen von Michel de Certeau über das Verhältnis von Körper und mystischer Sprache. Vgl. Anm. 31.

[26] Das Spanische kennt anders als das Deutsche zwei Verben für »sein«. »*Estar*« bezeichnet im Unterschied zu »*ser*« ein Sein, das immer schon in einer bestimmten Verfasstheit, an einem bestimmten Ort und zu

b) Ein zweites wesentliches Charakteristikum ist die *Alltäglichkeit* der Begegnung.[27] Die Nähe, von der in EG die Rede ist, meint weder Gelegenheitsbesuche noch befristete Forschungsaufenthalte, sondern zielt auf ein Teilen der Sorgen und Mühen, Freuden und Hoffnungen des Alltags. Es ist der Alltag, in dem wir nach Papst Franziskus aufgerufen sind, »die ›Mystik‹ zu entdecken und weiterzugeben, die darin liegt, zusammen zu leben, uns unter die anderen zu mischen, einander zu begegnen, uns in den Armen zu halten, uns anzulehnen, teilzuhaben an dieser etwas chaotischen Menge, die sich in eine wahre Erfahrung von Brüderlichkeit verwandeln kann, in eine solidarische Karawane, in eine heilige Wallfahrt« (87).

Dieser Aspekt scheint für interkulturelle Begegnungen von besonderer Relevanz zu sein. Auch diese ereignen sich zunächst und vor allem im Alltag der Menschen, auf Straßen, Plätzen und Märkten, in Kindererziehung und Pflege, Produktions- und Reproduktionsarbeit. Universitäten und Akademien bieten zweifellos einzigartige Möglichkeiten für den interkulturellen und interreligiösen Dialog. In gewisser Weise vermögen sie sogar ein »*third space*« zu sein, der durch die Befreiung von unmittelbaren Handlungszwängen[28] Freiraum für eine sonst nur schwer mögliche Form des Austauschs schafft. Universitäten sind andererseits jedoch auch hoch artifizielle Räume. Begegnungen zwischen Forschenden, Lehrenden und Studierenden sind meist von kurzfristiger Dauer, wohingegen sich substanzielle interkulturelle Lern- und Transformationsprozesse oft nur über mehrere Generationen hinweg vollziehen.[29] Gesellschaftliche Relevanz werden universitäre Diskurse nur insoweit haben, als sie sich je neu an diese Prozesse in den verschiedenen gesellschaftlichen Milieus rückzubinden vermögen.

c) Der Begegnung eignet, drittens, ein gewisses anarchisches Moment. Sie vollzieht sich als eine Mystik der Teilhabe an einer »etwas chaotischen Menge« (87). Der Begriff des Chaos bezeichnet hier nicht die alttestamentliche Todes-

---

einer bestimmten Zeit, also immer schon ein »Jetzt-und-hier-so-Sein« ist. Die argentinische Befreiungsphilosophie, von der sich Papst Franziskus inspiriert zeigt, hat die Differenz zwischen »*ser*« und »*estar*« in differenzierter Weise ausgearbeitet. Für einen Überblick vgl. Juan Carlos Scannone, Weisheit des Volkes und spekulatives Denken, in: Theologie und Philosophie 60 (1985), 161–187.

[27] Das »Alltägliche« [Span.: *lo cotidiano*] ist ebenfalls eine zentrale Kategorie der argentinischen Philosophie der Befreiung.

[28] In diese Richtung plädierte Oddbjørn Leirvik in seinem Vortrag im Rahmen der Tagung der ESITIS 2015 »Shifting Locations – Reshaping Methods« (Lublin, 15.–18.4.). Die Publikation der Beiträge ist in Vorbereitung. Der Begriff *third space* geht auf Homi Bhabha zurück.

[29] Vgl. dazu die hellsichtigen Beobachtungen zu den Widersprüchen von »Inkulturations«-Prozessen bei José Comblin, in: Ders., People of God, Maryknoll 2004, 153–157.

macht, sondern wird geradezu als Synonym für Lebendigkeit verwendet. Konkrete Lebendigkeit wahrzunehmen sperrt sich gegen das Ideal einer »exakten« und »gewissen« Erkenntnis. Exakt und gewiss lassen sich nur tote Gegenstände erkennen. Descartes erreichte unbezweifelbare Gewissheit nur um den Preis der Reduktion der Realität auf den abstrakten Punkt des »*sum dubitans*«. Die Hinwendung zum Chaos des Lebens bringt sich in EG auch in den ausdrücklich positiv konnotierten Bildern von der »verschmutzten« und »verbeulten« Kirche zum Ausdruck (45, 49). »Schmutz« verweist hier auf eine leibhaftige Begegnung, die Spuren hinterlässt, die Reinheit voneinander säuberlich abgegrenzter Identitäten durcheinanderbringt und dadurch eine Bewegung anzeigt, die der den Gegenstand in seine einzelnen Bestandteile zergliedernden cartesianischen Analyse[30] entgegensteht.[31]

d) Ein viertes Charakteristikum ist die ethische Dimension der Begegnung. Sie zielt nicht auf die Gewinnung von Wissen *über* den anderen, sondern ereignet sich als Öffnung für die Ansprüche des Anderen, sein »Angesicht«, das mich anspricht, noch bevor ich mich ihm zuwende. Dieses Motiv hat unverkennbar Anklänge an die Philosophie von Emmanuel Levinas, dem wahrscheinlich wichtigsten europäischen Gesprächspartner der argentinischen Philosophie der Befreiung, in deren Tradition Papst Franziskus steht.[32] Begegnung in diesem Sinn

[30] Die zweite Hauptregel in Descartes' Discours de la méthode fordert, jede Frage in Teilprobleme und einfache Fragen zu zerlegen, die mit Gewissheit entschieden werden können.

[31] In dem Motiv der Teilhabe an der »chaotischen Menge« kann man einen Einfluss des französischen Jesuiten Michel de Certeau vermuten. Certeau verweist in seinen brillanten Untersuchungen der Mystik auf Figuren wie Markus vom Pferde, eine antike Heiligengestalt aus dem 6. Jahrhundert, dessen mystische Berufung dadurch gekennzeichnet ist, als Narr seinen Körper in den Dienst des Körpers der *Menge* zu stellen. Er tut dies, indem er für die anderen Narren der Stadt Lebensmittel stiehlt und sich im öffentlichen Bad um die Pflege der Körper und die Beseitigung des Schmutzes kümmert. Das Moment einer leibhaften Nähe, die jeden Diskurs durcheinanderbringt, verbindet sich bei Markus mit dem Schmutz und der Anarchie der Narrheit: »Er verliert sich in einem Dunkel, in dem der Ausschluss des Sinns, der Schmutz des Körpers und die Narrheit der Menge sich vereinen.« (Michel de Certeau, Mystische Fabel, 16. bis 17. Jahrhundert, Berlin 2010, 69). Certeau sieht in der Unbestimmbarkeit der Menge, deren Dienst sich Markus verschrieben hat, eine »historische Entsprechung zur ›Materie‹ (hyle) …, in der Plotin den nächtlichen Rand und das ‚Überbleibsel' vom analytischen Vorgehen des Verstandes erkannte, eine dunkle Tiefe der Dinge, zugleich Ursprung (die materia/mater) und Grenze (das andere) in der Arbeit der Unterscheidung, etwas Nichtdeterminiertes (aoriston), das der Geist als seine eigene Erniedrigung und seinen Sturz ins Nicht-Sein fürchtet« (79). Bei Markus zeige sich »dieser Horizont des anderen, der anderen, losgelöst von der Sprache in einem Tun an … Ein kontinuierliches Exerzitium ist das Zeugnis für die Verführung durch die Menge, deren Narrheit jeder Weisheit spottet. Das Absolute vollzieht sich unter Einsatz und Verlust des Körpers in der Menge« (Certeau, Mystische Fabel, 69, 79 u. 80). Zum Einfluss von Certeau auf Papst Franziskus vgl. Iso Baumer, Auf den Spuren von Michel de Certeau. Eine für Papst Franziskus prägende Gestalt, in: Stimmen der Zeit 139 (2014), 86–96.

[32] Besonders deutlich zeigt sich dies in der spanischen Version des Schreibens. Die dort verwendeten Begriffe »rostro« und »interpelación« entsprechen der Begrifflichkeit der spanischen Übersetzung von

lässt sich nicht planen oder produzieren. Sie hat den Charakter einer Widerfahrnis, die dazu auffordert, sich von der Sache des anderen bzw. dem Anderen »mit Leib und Seele« in Anspruch nehmen zu lassen. Daraus erwächst Verantwortung und eine Verbindlichkeit, die nach erfolgter Begegnung nicht wieder in beliebige Distanz treten kann, sondern dem anderen etwas schuldig bleibt.

e) Die »Mystik« leibhaftiger Begegnung ist in EG in der Fleischwerdung des göttlichen Logos eröffnet. Leibhaftiger Kontakt, das Teilen des Alltags und die Priorität, die dabei der Begegnung mit den Armen zukommt, aktualisieren diese Fleischwerdung und schreiben sie in der Geschichte weiter fort. Sie sind folglich keine bloß »pastoralen« oder ethischen Gesten, sondern zentrale Momente einer christozentrischen Lebensform. Leibhaftige Begegnung mit dem Anderen ist in EG eine eminent christologische Kategorie.

f) Gegen ein Missverständnis der leibhaftigen Begegnung im Sinne eines romantizistischen Ideals unmittelbarer Authentizität gilt es zuletzt, die (zum Teil auch in EG selbst etwas zu kurz zu kommen scheinende) Krisenhaftigkeit, Ambivalenz und Machtförmigkeit leibhaftiger Begegnung geltend zu machen. In der Begegnung mit dem Leib des anderen werden unsere Wissenskategorien bisweilen weniger bestätigt und erweitert als erschüttert. Dies kann ein schmerzhafter Prozess sein, in dem die gerade im akademischen Bereich häufig tabuisierten Erfahrungen des Scheiterns, der Ohnmacht und des Nicht-Verstehens eine zentrale Rolle spielen. Die Bereitschaft, sich auf solche Erfahrungen einzulassen, ohne sich ihnen durch vorgefertigte Bewältigungsstrategien vorschnell zu entziehen, ist die Voraussetzung für interkulturelle Lernprozesse, in denen mehr zum Vorschein kommt als die bloße Bestätigung des bereits zuvor Gewussten.[33]

Leibhafte Begegnung mit dem Anderen ist darüber hinaus auch keine Begegnung mit einem »reinen« Anderen. In der Begegnung mit dem Anderen begegnen wir stets auch unseren eigenen Projektionen, Hoffnungen, Ängsten und

Levinas' Schrift La trace de l'autre, in: Tijdschrift voor Filosofie 25/3 (1963), 605–623. Für den Dialog zwischen der Philosophie Levinas' und der argentinischen Philosophie der Befreiung vgl. Antonio Sidekum, Ethik als Transzendenzerfahrung. Emmanuel Levinas und die Philosophie der Befreiung, Aachen 1993.

[33] Barbara Schellhammer hat in diesem Sinn mit Paul Mecheril für eine in interkulturellen Begegnungen nötige »Kompetenzlosigkeitskompetenz« plädiert .Vgl. Barbara Schellhammer, Bildung als interkultureller Prozess. Philosophische Reflexion auf den Bildungsbegriff als Impetus für die interkulturelle Transformation akademischer Ausbildung, in: Fornet-Betancourt (Hg.), Bildungstraditionen, 109–244, hier: 115; sowie Paul Mecheril, »Kompetenzlosigkeitskompetenz«. Pädagogisches Handeln unter Einwanderungsbedingungen, in: Georg Auernheimer (Hg.), Interkulturelle Kompetenz und pädagogische Professionalität, Wiesbaden 2013⁴, 15–35.

Wünschen. In dieser Hinsicht ist die postmodern inspirierte Kritik an dem ethnographischen Genre mit seinem Authentizitätsgestus berechtigt.[34] Diese Kritik geht allerdings dann in die Irre, wenn man daraus den Schluss zieht, ohne diese Begegnung zu einem »unverstellteren« Blick auf den Anderen zu gelangen. Die Einsicht in das, was in der Begegnung mit dem Anderen an Projektion wirksam ist, kann nicht durch den Verzicht auf Begegnung, sondern nur dadurch gewonnen werden, dass man durch diese hindurchgeht, sie gemeinsam reflektiert und die eigenen Deutungen dem kritischen Dialog mit anderen aussetzt. Standardisierte Verfahren mögen hier eine gewisse korrektivische Funktion haben. Die Begegnung selbst zu ersetzen, sind sie jedoch nicht in der Lage.

Zuletzt gilt es, auf den machtförmigen Charakter leibhaftiger Begegnung hinzuweisen. Die Fragen, wer wem mit welchen Motiven »zu Leibe rücken« darf oder nicht, wer überhaupt über die Mittel und die Macht verfügt, sich dem anderen zu nähern bzw. sich einer nicht gewollten Begegnung zu entziehen, wo und auf welche Weise Grenzen der Berührung geltend gemacht und respektiert bzw. durchgesetzt werden, sind angesichts der asymmetrischen Verteilung von (ökonomischer, militärischer und symbolischer) Macht nicht nur in der alltäglichen Praxis, sondern auch in der interkulturellen Forschung von zentraler Bedeutung.

Begegnung als Methode IT

Die kurze Skizze soll genügen, um im Folgenden einige Herausforderungen und Chancen zu benennen, die sich aus der entfalteten »Mystik der leibhaftigen Begegnung« für die Bestimmung der Methode IT ergeben.

a) Die Mystik leibhaftiger Begegnung mit dem Anderen in den Mittelpunkt IT zu rücken, meint nicht, der Anwendung anderer, »technischerer« Methoden, seien diese qualitativer oder quantitativer, empirischer, linguistischer oder historischer Art, ihre Berechtigung innerhalb der IT abzusprechen. Den verschiedenen in Soziologie, Anthropologie, Ethnologie und anderen verwandten Disziplinen entwickelten, zum Teil hoch elaborierten Methoden kommt zu der hier entfalteten Perspektive sowohl eine komplementäre als auch eine differenzierende und korrektivische Funktion zu, zumindest dann, wenn die sie jeweils leitenden

---

[34] Vgl. exemplarisch James Clifford/George E. Marcus, Writing Culture. The Poetics and Politics of Ethnography, Berkeley 1986.

wissenschaftstheoretischen Vorentscheidungen auch nochmals kritisch auf ihre jeweiligen Vorannahmen überprüft werden. Die Mystik leibhaftiger Begegnung als das Gravitationszentrum dieser Einzelmethoden stark zu machen, vermag dem disparaten Methodenensemble IT[35] jedoch einen Einheitspunkt zu verleihen, der für die theologische Reflexion sowohl eine inspirierende wie auch eine strukturierende Funktion ausüben kann. Es mag sinnvoll sein, hier mit Ellacuría zwischen *der* Methode einer Disziplin im Sinne ihrer grundlegenden Orientierung und *den* Methoden im Plural als den spezifischen Instrumenten, die je nach Herausforderungssituation flexibel in diese grundlegende Orientierung integriert werden können, zu unterscheiden.[36] Die »Mystik« der leibhaftigen Begegnung mit dem Anderen kann in diesem Sinn nicht nur als der spezifische Gegenstand einer (christlichen) IT, sondern auch als ihre grundlegende *Methode* geltend gemacht werden. Als Begegnung wirft diese »Mystik« Fragen und Probleme auf, die je nach ihrer Eigenart auch nach einer methodisch (im technischeren Sinn des Wortes) angemessen strukturierten Bearbeitung und Reflexion verlangen. Die Begegnung ist dabei allerdings nicht nur Ausgangs-, sondern auch bleibender Bezugspunkt wissenschaftlicher Forschung. Diese muss für ihre Reflexionsarbeit zwar immer wieder kritisch Distanz nehmen, gleichzeitig jedoch auch immer wieder zu dieser Begegnung zurückkehren, nicht nur um neue Impulse zu erfahren, sondern auch um die Angemessenheit ihrer Theorien und Methoden überprüfen und gegebenenfalls von den Erfordernissen der Begegnung her korrigieren zu können. Die Auswahl, der Zusammenhang, aber auch die Grenzen der jeweils verwendeten Einzelmethoden strukturieren sich in diesem Sinn von der Begegnung her selbst.

b) Aus dem Gesagten ergibt sich, dass VertreterInnen der IT nicht bloß aus der Distanz über die Voraussetzungen, Implikationen und Konsequenzen der genannten Begegnung reflektieren können, sondern auch selbst bis zu einem gewissen Grad aufgerufen sind, diese Form der Begegnung zu vollziehen. Darin macht sich auch für die IT geltend, was als spezifisches Merkmal der Theologie an sich gilt, nämlich »*intellectus fidei*«, d. h. Reflexion eines *gelebten Glaubensvollzugs* zu sein. Tatsächlich verfügen fast alle VertreterInnen IT über lange und vielfältige Begegnungserfahrungen mit Menschen verschiedener sprachlicher, kultu-

---

[35] Eine überblicksmäßige Skizze dieses Methodenensembles IT bietet Volker Küster, Einführung in die Interkulturelle Theologie, Göttingen 2011, 115–118.
[36] Vgl. Ellacuría, Zur Begründung der lateinamerikanischen theologischen Methode, 45.

reller, religiöser und sozialer Identitäten und lassen dies auch explizit oder implizit[37] in ihre Forschungsarbeit einfließen.

c) Die »Mystik« leibhaftiger Begegnung in den Mittelpunkt IT zu rücken, schärft damit, drittens, das theologische Profil der Disziplin. Dadurch scheint eine fruchtbare Alternative zu den in jüngerer Zeit vor allem innerhalb des protestantischen Bereichs geführten Debatten in Bezug auf den »normativen« oder doch eher »deskriptiven« Charakter der Disziplin eröffnet. Das »normative« bzw. explizit *theologische* Moment ist in der hier entfalteten Perspektive weniger inhaltlich (also z. B. durch Berufung auf bestimmte Überzeugungen) als formal, durch die Verpflichtung auf einen bestimmten, in dem Ereignis der Inkarnation gründenden *Stil*[38] der Begegnung, bestimmt. Damit ist der theologische Charakter der Disziplin gewahrt, ohne das Feld des Dialogs mit anderen religiösen oder weltanschaulichen Überzeugungen unnötig einzuengen. Dieser Vorschlag widersteht der bisweilen von einem gewissen Minderwertigkeitskomplex gegenüber anderen, »strengeren« Wissenschaften bzw. diffusen Schuldgefühlen aufgrund der kolonialen Verstrickungen der klassischen Missionswissenschaft herzurühren scheinenden Versuchung, das theologische Moment IT in die angeblich höhere Objektivität (und Unschuld?) einer rein beschreibenden und vergleichenden Wissenschaft aufzulösen. Bei aller berechtigten Kritik an Formen des Proselytismus und Kolonialismus scheint die IT von der Tradition christlicher Mission gerade deren Aufmerksamkeit für die Bedeutung einer ernsthaften und dauerhaften Inkarnation in das Alltagsleben der Menschen (neu) lernen zu können.[39]

---

[37] Maurice Bloch macht hinsichtlich ethnologischer Forschung den interessanten Verdacht geltend, dass Ethnologen bisweilen als Ergebnis von Gesprächen und Interviews ausgeben, was sie eigentlich auf ganz andere Weise, nämlich durch ihre lang andauernde Teilhabe an der Alltagspraxis herausgefunden haben. Vgl. Maurice E. Bloch, How we think they think, Boulder 1998. Für Vertreter IT scheint dies nicht weniger zuzutreffen.

[38] Dieser Primat des Stils bedeutet freilich nicht, dass innerhalb des Dialogs mit anderen nicht auch inhaltliche Überzeugungen und Geltungsansprüche thematisiert werden können und sollen. Aus theologischer Perspektive ist allerdings zu fragen, inwieweit die mit der christlichen Gottesrede verbundenen Geltungsansprüche in ihrem theoretischen Gehalt zumindest in indirekter Weise stets an diesen Stil rückgebunden bleiben und folglich unter Absehung desselben in nur sehr bedingter Weise geltend gemacht werden können. Zum Christentum als »Stil« vgl. Christoph Theobald, Le christianisme comme style. Une manière de faire de la théologie en postmodernité, 2 Bde., Paris 2007. Theobald selbst hat diese Perspektive mit dem theologischen Programm Papst Franziskus' in Verbindung gebracht. Vgl. Christoph Theobald, »Mystik der Fraternité«. Kirche und Theologie in neuem Stil, in: Kurt Appel/Jakob Deibl (Hg.), Barmherzigkeit und zärtliche Liebe. Das theologische Programm von Papst Franziskus, Freiburg i. Br. u. a. 2016, 21–38.

[39] Vgl. dazu die exemplarischen Beispiele in Michael Sievernich, Die christliche Mission. Geschichte und Gegenwart, Darmstadt 2009, 129–133. Dass diese Inkarnation in die Alltagswelt der Menschen biswei-

d) Mit der Profilierung des theologischen Charakters verbindet sich die Akzentuierung des ethischen Charakters IT. Die Hinwendung zum Anderen ist in der hier skizzierten »Mystik« nicht primär dadurch motiviert, zur Vermehrung des Wissens und dem Fortschritt der Wissenschaft beizutragen, sondern erfolgt als Öffnung für den Anruf des Anderen. Leibhaftige Nähe, insbesondere zu den Armen, ist in christlicher Perspektive zuletzt als Beitrag zur Errichtung des Reiches Gottes zu verstehen. Die Verpflichtung auf dieses Ziel muss nicht unbedingt eine Einschränkung wissenschaftlicher Freiheit bedeuten, sondern kann gerade in Zeiten zunehmender Ökonomisierung der Universitäten auch zur kritischen Reflexion auf die die Wissenschaft jeweils leitenden normativen Horizonte anregen.[40] Die akademische Arbeit ist nicht nur geprägt durch die ökonomischen und politischen Rahmenbedingungen, unter denen sie jeweils stattfindet, sie prägt auch spezifische Milieus sowie Formen eines Habitus aus, die auf oft unbewusste Weise mitbestimmen, welche Fragen überhaupt als wissenschaftlich relevant, welche Zugangsweisen als adäquat und welche gesellschaftlichen Auswirkungen von Wissenschaft als auch in ethischer Hinsicht erstrebenswert erachtet werden.[41] Das zumindest phasenweise Verlassen dieser Welt kann ein kritisches Korrektiv gegenüber den milieuspezifischen Vorurteilen von Wissenschaftlern sein und in diesem Sinn eine heilsame de-ideologisierende Wirkung entfalten.

Interdisziplinäre Anknüpfungspunkte – Ero-episches Gespräch und dichte Teilnahme

Es liegt auf der Hand, dass mit der Option für die oben skizzierte »Mystik« eine explizit christologisch motivierte Form der Begegnung in den Mittelpunkt IT gerückt wird. Dass dies die IT nicht notwendigerweise in die akademische Isola-

len eine umso effektivere, weil angepasstere und tiefer reichende Kolonialisierung des Anderen ermöglichte, soll dabei nicht verschwiegen werden.

[40] Vgl. dazu Sebastian Pittl, Die Kultivierung einer Reflexion der Berührbarkeit als Infragestellung der »Globalisierung der Gleichgültigkeit«. Überlegungen zum möglichen Beitrag der Theologie zur Universität, in: Alexander Gaderer/Barbara Lumesberger-Loisl u. a. (Hg.), Alles egal? Theologische Reflexionen zur Gleichgültigkeit, Freiburg i. Br. u. a. 2015, 127–146. Die koloniale Dimension eines von seinem Selbstverständnis her »objektiven« und »wertfreien« westlichen Wissenschaftsideals hat u. a. auf sehr luzide Weise Linda Tuhiwai Smith aufgezeigt. Vgl. Dies., Decolonizing Methodologies. Research and indigenous peoples, London 2012².

[41] Vgl. dazu nur Pierre Bourdieu, Homo academicus, Frankfurt a. M. 1988; bzw. aus feministischer Perspektive Karin Knorr-Cetina, Epistemic Cultures, Cambridge 1999.

tion führt, sondern im Gegenteil durchaus interessante Anknüpfungspunkte für das interdisziplinäre Gespräch eröffnet, und zwar insbesondere mit Disziplinen, in deren methodologischen Prämissen sich – wenn auch unter anderen Vorzeichen – verwandte Anliegen zum Ausdruck bringen, möchte ich abschließend anhand zweier ausgewählter Vertreter soziographischer Methoden exemplarisch veranschaulichen: Dem Wiener Soziologen und Kultur- und Sozialanthropologen Roland Girtler sowie dem deutschen Ethnologen Gerd Spittler.[42]

Wie Papst Franziskus verweist Roland Girtler in seiner Einführung in die »Methoden der Feldforschung«[43] auf die Notwendigkeit, einen intensiven Kontakt mit den Menschen und Kulturen zu pflegen, die der Wissenschaftler erforschen möchte. Die Feldforscherin müsse, so Girtler, in der Lage sein, zu jeder Zeit essen, trinken und schlafen zu können, um die Menschen, die sie verstehen wolle, in ihrem Alltag begleiten zu können.[44] Girtler wendet sich gegen die Vorstellung, wissenschaftliche Qualität sei nur durch das Zwischenschalten von Filtern in Form standardisierter und stark formalisierter Untersuchungsmethoden zu erreichen.[45] Als grundlegende Methoden der Feldforschung schlägt er vielmehr die beobachtende Teilnahme vor und das, was er in Anspielung an die Odyssee als »ero-episches Gespräch«[46] bezeichnet. Ein gewisses »*going native*« ist nach Girtler geradezu Voraussetzung für gute wissenschaftliche Arbeit, da nur dadurch ein Abstand zu den bisherigen erkenntnisleitenden Vorurteilen der Forscherin und somit ein freierer Blick auf die untersuchten Kulturen und Milieus erreicht werden könne.[47] Girtler betont explizit, dass die Begegnung zwischen Forscher und Erforschten in erster Linie eine Begegnung zwischen Menschen sei. Gleichrangigkeit in der Forschung und Gesprächsführung seien somit

---

[42] Der Dialog ließe sich in fruchtbarer Weise auch mit anderen Disziplinen führen. Nach Klaus Heinrich etwa ist die Ausrichtung auf die umfassende Befreiung des Menschen konstitutiv für das Projekt der okzidentalen Wissenschaft an sich. Vgl. Klaus Heinrich, Widerspruch und Verantwortung in der Hochschule (1970), in: Ders., der gesellschaft ein bewußtsein ihrer selbst zu geben, Frankfurt a. M./Basel 1998. Der ethische Primat IT kann somit auch in einen kritischen Dialog mit dem nach wie vor uneingelösten Befreiungsversprechen westlicher Wissenschaft gebracht werden.

[43] Roland Girtler, Methoden der Feldforschung, Wien u. a. 2001[4].

[44] A. a. O. 185.

[45] Vgl. a. a. O. 171.

[46] Vgl. a. a. O. 147–168. Das »ero-epische Gespräch« meint ein Gespräch, in dem sich die Forschende und ihr Gesprächspartner zu gleichen Teilen einbringen. Der Gesprächspartner dürfe weder manipuliert noch auf einen bloßen Datenlieferanten reduziert werden. Themen und Fragen würden sich aus der jeweiligen Situation ergeben. Solche Gespräche zu führen sei eine hohe Kunst, die Vertrauen stifte und oft entscheidende, durch Interviews nur schwer zu erreichende Einsichten in die untersuchte Kultur eröffne.

[47] Vgl. a. a. O. 78–82.

von zentraler Bedeutung. Niemals dürfe der Andere auf einen bloßen Untersuchungsgegenstand reduziert werden. Um dies zu erreichen, müsse sich auch der Forschende ehrlich in die Gesprächssituation einbringen und bereit sein, seinen Gesprächspartnern – falls gewünscht – auch Einblick in die eigene Lebenswelt zu geben. Forschersein und privates Menschsein ließen sich in dieser Hinsicht nicht sauber voneinander trennen.[48] Den Konflikt zwischen der beanspruchten Begegnung auf Augenhöhe und der Reduzierung des Anderen auf ein Forschungsobjekt versucht Girtler dadurch zu entschärfen, dass er seine Forschungsergebnisse und deren Interpretation mit den untersuchten Gruppen bespricht und diese damit dazu auch noch mal Stellung nehmen lässt.[49] Girtler thematisiert auch die besonderen ethischen Schwierigkeiten, die sich aus der großen Nähe des Feldforschers zu seinem Untersuchungsgegenstand ergeben. Er ist zwar bestrebt, die Rolle der Forschenden klar von der des Missionars und Sozialarbeiters abzugrenzen, und distanziert sich diesbezüglich auch deutlich von der Aktionsforschung, die für ihn auf zu unmittelbare Weise Veränderungen zu induzieren sucht.[50] Sehr wohl leistet er jedoch in Ausnahmefällen Hilfe, kauft also Essen, wenn ein Gesprächspartner hungert, oder begleitet Verletzte ins Krankenhaus. Noch entscheidender ist die ethische Dimension, die er den Ergebnissen seiner Forschung zuerkennt, etwa wenn er die Hoffnung thematisiert, dass seine Forschungsarbeit Entscheidungsträgern und den Betroffenen selbst ein besseres Verstehen ihrer Milieus und so auch adäquatere politische oder soziale Handlungsstrategien ermöglicht, dass sie zum Abbau von Vorurteilen beiträgt und marginalisierten Personengruppen eine größere öffentliche Sichtbarkeit verleiht. Auffällig sind auch die geradezu theologisch anmutenden Grundhaltungen, die eine solche Forschungsarbeit nach Girtler voraussetzt: Genannt werden Toleranz[51], Demut[52] und ein »weites und offenes Herz«[53]. Sogar von »Liebe« ist einmal die Rede.[54]

In eine ähnliche Richtung gehen die Überlegungen Gerd Spittlers, der als Korrektiv zur zunehmenden Fixierung ethnologischer Forschung auf Text und Diskurs für eine Radikalisierung der Teilnehmenden Beobachtung im Sinne

[48] Vgl. a. a. O. 73–76.
[49] A. a. O. 128–132.
[50] A. a. O. 121.
[51] A. a. O. 172.
[52] A. a. O. 185.
[53] A. a. O. 173.
[54] A. a. O. 172. Hier als Synonym für »Toleranz« gebraucht.

»dichter Teilnahme« plädiert.[55] Spittler teilt zwar die Kritik, die in den letzten Jahrzehnten an der Teilnehmenden Beobachtung geltend gemacht wurde, wie etwa die schwere Überprüfbarkeit ihrer Ergebnisse, der hohe Zeitaufwand und die bisweilen überzogenen Ansprüche von Authentizität und Unmittelbarkeit. Mit Verweis auf die Forschungen von Maurice Bloch, Unni Wikan, Paul Stoller und Michael Jackson und deren Konzepte der »lived experience«, der »power of resonance«, der »sensuous scholarship«, des »ethnographic embodiment« und des »radical empiricism« versucht er jedoch zu zeigen, dass eine radikalisierte und selbstkritische Form Teilnehmender Beobachtung der Ethnologie Perspektiven eröffnet, die durch andere Methoden nicht ersetzt werden können. »Dicht« meint für Spittler dabei »soziale Nähe und gemeinsames Erleben«[56], wobei er explizit betont, dass »zu diesem Erleben alle Sinne [gehören]. Nicht nur das Sehen und Hören, sondern auch das körperliche und seelische Fühlen«[57]. Spittler verweist darauf, dass sich »natürliche Gesprächssituationen«, die dem Forschenden bisweilen weit wertvollere Informationen lieferten als strukturierte oder halbstrukturierte Interviews, nicht beliebig initiieren ließen. Hierfür seien Vertrautheit und Geduld erforderlich. Zentrale Einsichten erhalte der Forschende oft »durch die informelle und implizite Kooperation mit der Bevölkerung«[58]. Betont wird von Spittler auch, dass die Teilnehmende Beobachtung gerade aufgrund ihrer Realitäts- und Lebensnähe unsystematisch sei. In überraschender Ähnlichkeit zu Evangelii Gaudium (87) macht er geltend, dass dichte Beobachtung eine besondere »Nähe zur chaotischen Lebenswirklichkeit«[59] impliziert. Dies sei vor allem dort »ein großer Vorteil, wo systematische Forschung an ihre Grenzen stößt …: die Grenzen sprachlicher Erfassung, die Grenzen systematischer Beobachtung und die Grenzen von Theorie«.[60]

---

[55] Vgl. Gerd Spittler, Teilnehmende Beobachtung als Dichte Teilnahme, in: Zeitschrift für Ethnologie 126 (2001), 1–25; sowie Ders., Arbeit zur Sprache bringen. Der ethnographische Zugang, Wien 2014; http://ksa.univie.ac.at/fileadmin/user_upload/fak_zentrum_methoden/Homepage_neu/VWPE/vwpe01.pdf. Der Begriff der »Dichten Teilnahme« nimmt Anleihen an Clifford Geertz' Konzept der »thick description«. Vgl. Clifford Geertz, Dichte Beschreibung. Beiträge zum Verstehen kultureller Systeme, Frankfurt a. M. 1987.

[56] Spittler, Teilnehmende Beobachtung, 12.

[57] A. a. O. 19.

[58] A. a. O. 21.

[59] A. a. O. 22.

[60] A. a. O. 7. In noch größerer Radikalität formuliert der Soziologe John Law aus dem Ernstnehmen des anarchischen Charakters der Realität ein bemerkenswertes, gleichermaßen inspirierendes wie unorthodoxes, theoretisch jedenfalls sehr durchdachtes, methodologisches »Programm«. Vgl. John Law, After method. Mess in social science research, London 2004.

Weder Girtler noch Spittler würden ihre Forschungsarbeit wohl im Sinne einer Mystik der leibhaftigen Begegnung beschreiben. Die zahlreichen motivlichen Bezüge machen jedoch deutlich, dass solche Forschungsansätze als lohnenswerte Gesprächspartner einer IT in Frage kommen, die sich einer solchen »Mystik« verpflichtet weiß. Solche Gesprächsmöglichkeiten zu suchen und zu nützen ist für die IT innerhalb des wachsenden Ensembles universitärer Disziplinen in der Zukunft gewiss von zunehmender Bedeutung.[61]

Schwierigkeiten und Chancen

Ich möchte mit der Benennung einiger Schwierigkeiten schließen, vor die sich der Versuch, einer »Mystik« leibhafter Begegnung mit dem Anderen innerhalb der IT mehr Raum zu verleihen, im Kontext der gegenwärtigen Wissenschaftskultur gestellt sieht.

Der Mystik der leibhaftigen Begegnung mit dem Anderen eignet, wie angezeigt, nicht nur ein gewisser Charakter der »Widerfahrnis«, der sich nicht einfach »produzieren« lässt, sie verlangt neben einer Haltung der Offenheit und Demut auch Zeit. Eben diese ist innerhalb der akademischen Welt jedoch ein zunehmend knappes Gut. Sie ist es für Professorinnen, aber sie ist es zunehmend auch für junge Wissenschaftler, für die es – innerhalb prekärer Arbeitsverhältnisse und angewiesen auf die Mittel zeitlich meist recht knapp bemessener Projektförderungen – oft schwierig ist, sich auf Lebenswelten außerhalb ihres unmittelbaren Lebens- und Arbeitsumfeldes auf eine mehr denn bloß oberflächliche Weise einzulassen. Die Anwendung stark standardisierter und operationalisierter Methoden erscheint vor diesem Hintergrund oft wie eine Abkürzung für längere und schwer zu finanzierende Forschungsaufenthalte. Dem Moment des Sich-in-Anspruch-Nehmen-Lassens-durch-den-Anderen steht darüber hinaus entgegen, dass die derzeitigen Konkurrenzverhältnisse an Universitäten eher Individualismus und Selbstbezogenheit zu fördern scheinen als eine Haltung der Offenheit für den Anderen und der Solidarität mit den Leidenden.[62]

---

[61] Wegweisende Schritte für ein Gespräch zwischen Theologie und Ethnographie sind in den letzten Jahren im angelsächsischen Raum unternommen worden. Vgl. hierzu insbesondere den Sammelband Christian Scharen/Aana Marie Vigen (Hg.), Ethnography as Christian Theology and Ethics, London u. a. 2001; sowie das Themenheft Engaging Religious Experience. A return to Ethnography and Theology, in: Practical Matters Journal, 13. 3. 2013.

Ein Weg, um diese strukturellen Schwierigkeiten zumindest ein Stück weit auszugleichen, können gemeinsam mit der dafür erforderlichen Flexibilität von Studienplänen bis zu einem gewissen Grad *Exposure*-Programme sein, die, sofern sie entsprechend vorbereitet und reflektiert werden, vor allem für Studierende erste Formen eines leibhaftigen In-Kontakt-Tretens mit einem anderen Kontext als ihrem gewohnten ermöglichen können. Zumindest ansatzweise lässt sich die Forderung leibhaftiger Begegnung auch in die Routinen der Wissenschaftspraxis integrieren. So wechseln etwa die Veranstaltungsorte der von Raúl Fornet-Betancourt initiierten Kongresse für Interkulturelle Philosophie[63] regelmäßig zwischen den Kontinenten und bemühen sich darum, die Auseinandersetzung mit dem jeweiligen Kontext strukturell in ihr Programm zu integrieren. Eine leibhaftige Begegnung zwischen Wissenschaftlern unterschiedlicher Kontexte sowie zwischen diesen und Menschen vor Ort wird dadurch zumindest ein Stück weit ermöglicht. Ein anderer Weg besteht darin, den Austausch mit denjenigen Menschen zu suchen, die die in EG angesprochene »Mystik« leibhafter Begegnung alltäglich leben. Im Falle der IT wären dies bevorzugt Missionare und Missionarinnen, Mitarbeiter der Pastoral und der Hilfswerke, zunehmend aber auch die steigende Zahl von Ordensleuten, Priestern und Laien anderer Kontinente und Kulturen in Europa selbst. Die zunehmende Pluralisierung der Gesellschaft wie auch der kirchlichen Milieus in Europa bietet diesbezüglich große Chancen für die Zukunft, die es für die IT auch in methodischer Hinsicht zu nützen gilt.

(Dr. Sebastian Pittl ist wissenschaftlicher Mitarbeiter am Institut für Weltkirche und Mission an der Philosophisch-Theologischen Hochschule St. Georgen in Frankfurt am Main)

[62] »The hyper-precarious, hyper-competitive academic job market and the organization of that model around national searches combine to produce intellectuals who are forced to engage in endless self-promotion for at least the first decade of their professional lives ... This is a huge structural impediment to forging an academy that is engaged in and relevant to the problems of oppressed people ...« David Ignatius Gandolfo, A Different Kind of University Within the University. Ellacuría's Model in the Context of the United States, in: Matthew Ashley u. a. (Hg.), A Grammar of Justice. The Legacy of Ignacio Ellacuría, Maryknoll 2014, 161–172, hier: 172.

[63] Die Dokumentationsbände der Kongresse erscheinen seit 1996 in der Reihe »Concordia«. Mittlerweile haben elf Kongresse stattgefunden. Thomas Fornet-Ponse macht in seinem Beitrag in diesem Heft eine Einsicht dieser Kongresse geltend, wenn er darauf hinweist, dass die Frage nach den »Methoden« IT nicht einseitig innerhalb eines bestimmten (z. B. des westlichen) kulturellen Kontextes geklärt werden kann, sondern zum Gegenstand eines ergebnisoffenen interkulturellen Gesprächs werden muss. Dieses Gespräch impliziert als seine hermeneutische Voraussetzung bis zu einem gewissen Grad notwendigerweise das Moment einer auch leibhaftigen Begegnung.

ABSTRACT

Starting with the analysis of some existing ambiguities of methodological discussions in the context of current academia, the article opts to develop the methods of Intercultural Theology (IT) based on the specific form of pre-reflexive encounter with reality upon which IT as an academic discipline reflects. It shows that intents to determine this specific form of encounter with reality can draw inspiration from what in the apostolic exhortation Evangelii Gaudium of Pope Francis appears as a »mysticism« of bodily encounter with the other (87). The article investigates theological and philosophical backgrounds of this mysticism (Levinas, Certeau, Scannone) and discloses its relevance for methodological discussions on IT. Drawing on the example of ethnography it is exemplified that this explicitly Christological perspective can be brought into a fruitful dialogue with other disciplines whose methodologies share some common concerns. At last, challenges and chances are outlined to give the »mysticism« of bodily encounter with the other a broader space within the methodology of IT.

»Africa for Norway«

Interkulturelle Theologie als die Kunst des Perspektivwechsels

Claudia Jahnel/Simon Wiesgickl

In ihrer Rede bei der Entgegennahme des Friedenspreises des Deutschen Buchhandels 2016 nutzt die Philosophin und Publizistin Carolin Emcke das Bild vom Perspektivwechsel als zentrale Metapher. Ihr Plädoyer wider die Verrohung der Welt ermuntert sie dazu, diesen Blickwechsel je neu einzuüben:

»Wir können immer wieder anfangen. Was es dazu braucht? Nicht viel: etwas Haltung, etwas lachenden Mut und nicht zuletzt die Bereitschaft, die Blickrichtung zu ändern, damit es häufiger geschieht, dass wir alle sagen: Wow. So sieht es also aus dieser Perspektive aus.«[1]

Das Bild vom Perspektivwechsel erscheint uns auch für die Interkulturelle Theologie als Leitperspektive stimmig zu sein. In unserem Beitrag spüren wir Haltung, Theorie und Praxis der interkulturellen Theologie mit Blick auf das, was uns aus unserer Erfahrung in diesem Feld wichtig geworden ist, nach. Dazu soll (1) der *zerstreuende Blick* als Ziel interkultureller Theologie profiliert werden; (2) Interkulturelle Theologie in ihrer kritisch-orientierenden Funktion auf der Suche nach der Wahrheit Gottes verdeutlicht werden; (3) mit einem Seitenblick auf Religionswissenschaft und Kulturwissenschaften der Kulturbegriff problematisiert werden; (4) Verletzlichkeit und Langsamkeit als Methoden der interkulturellen Theologie verdeutlicht, und schließlich (5) Deuten, Gestalten und Mitfühlen als Kompetenzen, zu deren Aneignung interkulturelle Theologie anregen will, skizziert werden.

Dass wir diesen Beitrag nicht jeder für sich allein, sondern im Dialog und als Austausch geschrieben haben, verstehen wir bereits als eine wichtige Vorbedin-

---

[1] Siehe Carolin Emcke, Schalten wir uns ein: Wider die Verrohung der Welt, in: Blätter für deutsche und internationale Politik 12, 2016, 97–104, hier: 104.

gung und Hinweis darauf, wie interkulturelle Theologie auch nur entstehen kann. Unsere Überlegungen zu Haltung, Theorie, Methoden und Zielen interkulturell-theologischer Didaktik basieren auf vielen interkulturell-internationalen Seminaren mit Studierenden und Lehrenden aus verschiedenen kulturellen Kontexten. Das Lernen *mit* anderen anstelle eines Lernens *über* andere schafft einen gemeinsamen Lernraum, in dem die Einnahme anderer Perspektiven und das Hinterfragen eigener Denk- und Betrachtungsweisen fast selbstverständlich zum Prozess dazu gehören. Natürlich gibt es keine herrschaftsfreien Sphären. Nichtsdestotrotz werden dominante Deutungsmuster durch das Aufeinanderprallen mitunter – zumindest auf den ersten Blick – sehr unterschiedlicher Begründungsnarrative und Autoritäten in Frage gestellt.

Der zerstreuende Blick als Ziel interkultureller Theologie

Mit dem Titel »Africa for Norway« beziehen wir uns auf ein satirisches Video des Norwegian Students' and Academics' International Assistance Fund im Stile von »USA for Africa«. In dem Lied geht es mit einem Augenzwinkern darum, dass nun endlich sich die Afrikaner aufmachen und mit einem Lied dazu aufrufen, dass Afrikaner*innen ihre Heizstrahler für frierende Norweger und Norwegerinnen spenden sollen.[2] Die Kampagne hat zudem einen jährlichen Negativ-Preis ausgeschrieben für die Spendenkampagne, die auf die schlimmste Art und Weise Klischees kolportiert, aber lobt auch einen Preis aus für Kampagnen, die diese Blickrichtungen aufbrechen.[3]

Damit wird angesprochen, was auch für unser Verständnis von Interkultureller Theologie zentral ist: In interkultureller Theologie geht es um wechselseitige Bildungsprozesse. Diese lassen sich in Dynamiken des Austauschs und der Beziehungsaufnahme der verschiedenen reziproken Christentümer weltweit untereinander beschreiben.[4]

Für die Analyse der Machtdynamiken dieser Bildungsprozesse kann interkulturelle Theologie auf Erkenntnisse und Methoden der interkulturellen Bildung zurückgreifen. Astrid Messerschmidt hat hierfür ein Schema entwickelt, das sich

---

[2] Zu finden unter https://www.youtube.com/watch?v=oJLqyuxm96k (12.12.2016).
[3] Zu finden unter http://www.rustyradiator.com/ (12.12.2016).
[4] Vergleiche dazu Henning Wrogemann, Interkulturelle Theologie und Hermeneutik. Grundfragen, aktuelle Beispiele, theoretische Perspektiven, Gütersloh 2012, 18.

auch auf die interkulturelle Theologie übertragen lässt. Sie unterscheidet zwischen einem ignorierenden, einem projizierenden und einem zerstreuenden Blick. Während die ersten beiden Blickrichtungen selbst-erklärend sind, lohnt es sich die dritte genannte Perspektive genauer zu bedenken. Sie schreibt dazu:

»Der *zerstreuende Blick* achtet demgegenüber auf den Einsatz der Fremdzuschreibung in sozialen und kommunikativen Prozessen – wie Unterschiede gebraucht werden, wo sie aufgerufen und wo sie dethematisiert werden, wie Fremdheit gebraucht und eingesetzt wird und welchen Interessen dieser Einsatz dient. Gefragt wird hier, was wann als fremd gilt und was sich in dieser Zuschreibung ausdrückt. Die Ambivalenz des Fremden wird nicht durch Besetzungen aufgelöst, sondern bleibt bestehen, das Fremde bleibt unidentifizierbar, in der Schwebe zwischen Eigenem und anderem.«[5]

In der Wahrnehmung und Beschreibung kontextueller Theologien geht es also nicht darum, Fremdheitszuschreibungen zu reproduzieren oder diversifizieren, sondern die Entstehungsprozesse kultureller Alterität kritisch zu analysieren. Dabei ist uns durchaus bewusst, dass Bildungsprozesse zyklisch verlaufen und immer wieder auch damit arbeiten, dass Bilder erzeugt werden, die sich bei näherem Betrachten als Projektionen herausstellen. Als Zielperspektive interkultureller Theologie erscheint uns jedoch der Verfremdungseffekt einer solchen Blickrichtung als absolut lohnenswert. Wo das Vermitteln interkultureller Theologie gelingt, erzeugt sie einen Perspektivwechsel, der es ermöglicht, hinter die Kulissen der Fremdzuschreibung zu schauen und den Lernenden eine Blickrichtung anzubieten, die bestehende Dichotomien zwischen dem Eigenen und dem Fremden ins Schwimmen bringt und zur Differenzierung ermutigt.

Damit richten wir uns gegen das »Verstehen« als erstes Ziel interkultureller Theologie. Der zerstreuende Blick und der Perspektivwechsel, den interkulturelle Theologie anregt, steigern das Wissen um die Komplexität von interkulturellen Phänomenen. Auch und besonders das lange Zeit in den Kulturwissenschaften proklamierte Bemühen darum, den anderen oder spezifische kulturelle oder religiöse Phänomene zu »verstehen«, wird einer kritischen Revision unterzogen, da es Gefahr läuft, den anderen zu vereinnahmen und die eigene Interpretation zu universalisieren. Das scheinbar unschuldige Bemühen um Verstehen mittels »Einbildungskraft« spielt seit der Kolonialzeit bis in die Gegenwart hin-

---

[5] Astrid Messerschmidt, Befremdungen – oder wie man fremd wird und fremd sein kann, in: Peter Schreiner u. a. (Hg.), Handbuch interreligiöses Lernen, Gütersloh 2005, 217–228, hier: 225.

ein eine Schlüsselrolle in der Konstruktion des westlichen »Größenwahns«.[6] Unter Vorgabe der eigenen Standpunktlosigkeit maßt sich das kulturerkundende Verstehen und Einfühlen nicht nur an, alles verstehen zu können, sondern auch, alles in universaler Deutungshoheit interpretieren zu können.

»Die Einbildungskraft«, so Terry Eagleton, »zentriert und dezentriert in einem; sie verleiht mir universale Autorität eben dadurch, daß sie mich jeder besonderen Identität entleert … Der Kolonialismus ist ein großer Züchter imaginativer Sympathien, da er die wunderlichsten Kulturen unter ungefähr denselben Bedingungen zusammenwirft.«[7]

Interkulturelle Theologie sucht kritisch-orientierend in den Zwischenräumen nach der Wahrheit Gottes

Dieser (selbst-)kritische Zugang schließt die Suche nach der Wahrheit und insbesondere nach der Wahrheit Gottes nicht aus. Allerdings sucht interkulturelle Theologie weniger Wissen *über*, das leicht als Herrschaftswissen missbraucht werden kann. Sie sucht vielmehr Wissen *dazwischen*. »Wir bedürfen keiner … neuen Theorie der Erkenntnis der Anderen«, so schreibt der Ethnologe Paul Rabinow – und seine Beobachtungen lassen sich unseres Erachtens sehr gut auf interkulturelle Theologie übertragen.

»Wir sollten auf unsere historische Praxis achten, nämlich die Praxis, unsere kulturellen Praktiken auf die Anderen zu projizieren; bestenfalls gilt es zu zeigen, wie, wann und mit welchen kulturellen und institutionellen Mitteln andere Menschen es unternommen haben, Epistemologie für sich in Anspruch zu nehmen.«[8]

Interkulturelle Theologie sucht nach Wissen dazwischen, sie fragt im Zwischenraum des »Inter«, wie, durch welche Interpretationen, Re-Interpretationen, aber auch durch welche gesellschaftlichen, politischen, wirtschaftlichen Einflussfaktoren die Wahrheit Gottes so gedeutet wird, wie sie gedeutet wird. Sie zeichnet nach, welche Kontinuitäten, Frakturen und Neuaufbrüche die Hybrid-

---

[6] Terry Eagleton, Was ist Kultur? Eine Einführung, München 2009, 68.
[7] Eagleton, Kultur, 66, 69f.
[8] Paul Rabinow, Repräsentationen sind soziale Tatsachen. Moderne und Postmoderne in der Anthropologie, in: Eberhard Berg/Martin Fuchs (Hg.), Kultur, soziale Praxis, Text. Die Krise der ethnographischen Repräsentation, Frankfurt a. M. 1993, 158–199, hier: 168.

formen des Christlichen kennzeichnen. Und sie fragt, wie Menschen Sinn stiften in ihrem Leben, welche Wahrheit für sie lebens- und sinnstiftend ist – etwa inmitten des Zusammenbruchs traditioneller kultureller und politischer Sinnzusammenhänge und Wahrheitsbehauptungen.[9]

Der komplexitätssteigernde Zugang der interkulturellen Theologie ist in sich normativ-orientierend, da er kritisches Wissen und die Suche nach einer lebens- und sinnstiftenden Wahrheit fördert. Eine Unterscheidung von »deskriptiv – normativ« (oder gar dogmatisch – historisch), also auch zwischen Theologiewahrnehmung und Theologiebildung ist heute nicht mehr plausibel.[10] Auch die Theologiewahrnehmung, die die interkulturelle Theologie betreibt, orientiert sich am Kriterium der Wahrheit. Dabei ist Wahrheit, wie es schon im biblischen Zeugnis deutlich wird, als mehrdimensionales, prozesshaftes und beziehungsorientiertes Phänomen zu verstehen und meint nicht einfach »richtig« und »falsch«, schon gar nicht im moralischen Sinn.

Interkulturelle Theologie als Kunst des Perspektivwechsels sucht die Wahrheit Gottes in den Zwischenräumen, die aber stets konkrete Orte im Leben von Menschen sind. An diesen verschiedenen Orten ist die Wahrheit Gottes nicht einfach eine Kopie westlicher Wahrheit, denn die »Kopie reproduziert immer nur sich selber, wenn sie meint, etwas anderes zu reproduzieren«, so die Philosophen Gilles Deleuze und Félix Guattari.[11] Dieses Verständnis von Wahrheit folgt der Logik des Einen, das heißt, wie Deleuze und Guattari in ihrem Bild vom Baumstamm, der aus einer Wurzel herauswächst, deutlich machen: Es folgt der Idee einer universalen Wahrheit, die das Zentrum ist und hierarchisierend die Mannigfaltigkeiten der Erscheinungen der Wahrheit ordnet.[12] Interkulturelle Theologie, die die Wahrheit Gottes in den Zwischenräumen, im *third space*, einem dritten Raum der Verhandlungen und des Spiels der Differenzen und Gemeinsamkeiten,[13] sucht, hinterfragt aber diese universalisierende Ordnung des Wissens und spürt auf, wie sich im Zwischenraum Bedeutungen verändern und Wahrheit – um Deleuzes und Guattaris Gegenbild zu Baum und Wurzel, nämlich das Rhi-

---

[9] Robert J. Schreiter, Verbreitung der Wahrheit oder interkulturelle Theologie. Was meinen wir, wenn wir heute von Mission sprechen? In: Interkulturelle Theologie (ZMiss) 36, 1 (2010), 13–31.

[10] Vgl. dazu auch Heinrich Assel, »Vertauschte Fronten« oder »fremde Gäste«? Schlüsselbegriffe zwischen Theologie und Kulturwissenschaft, in: Ders. u. a. (Hg.), Theologie und Kulturwissenschaften, VuF 54, 2 (2009), 6–24, hier: 7.

[11] Gilles Deleuze/Félix Guattari, Tausend Plateaus: Kapitalismus und Schizophrenie, Berlin 1992, 25.

[12] Deleuze/Guattari, Plateaus, 28f.

[13] Mit dem Terminus »Third Space« greifen wir auf eine Leitidee Homi K. Bhabhas zurück, s. Ders., Die Verortung der Kultur, Tübingen 2000.

zom aufzugreifen – vielfältig ist, ihre »Linien dennoch unterirdisch fortbestehen und im Verborgenen weiterhin ein Rhizom bilden«.[14] Die Wahrheit Gottes in den Zwischenräumen folgt einer Logik des »Und«, der Bewegung, die weitergeht und die eine transversale Bewegung ist, d. h. in die eine und in die andere Richtung geht – immer mehrere Seiten verändert.

Die Wahrheit Gottes erweist sich im Zwischenraum der Begegnung. Sie stellt darin die Kluft zwischen dem Selbst und dem Anderen radikal in Frage und ermöglicht gerade dadurch einen Perspektivwechsel. Wahrheit Gottes ist nach jüdischem Verständnis mehr als Orthodoxie. Sie ist relational und dialogisch. Gottes Wahrheit erweist sich – schon in seinem Namen – als Mit-Sein, in seinem Beistand, in seinem Eingreifen in die Welt. Wahrheit Gottes gibt es nicht abstrakt oder für einen, sondern immer zwischen dem einen und dem anderen, im Inter, im Begegnungs- und Zwischenraum, der immer auch ein gemeinsamer Handlungsraum ist.

Diese Perspektive des Zwischenraums stellt den starken Binarismus zwischen dem anderen und dem Eigenen und die Unerreichbarkeit der anderen Kultur, den Hermeneutiken des Anderen lange Zeit vertreten haben (Levinas, Sundermeier), radikal in Frage. Gleichzeitig nimmt interkulturelle Theologie durch dieses Verständnis der Wahrheit Gottes, die sich in den Zwischenräumen und Verflechtungsgeschichten erweist, die Handlungsmacht lokaler Akteure ernst, die in ihrem Leben in unterschiedlichen Kontexten Sinn und Bedeutung konstruieren. Handlungsmacht, die auch mit Widerstand einhergehen oder vor den Augen der Herrschenden versteckt agieren kann, macht die Dynamik deutlich, die in der Kulturbegegnung liegt. Der Blick auf das Handeln der Akteur*innen führt zu den Zwischenorten des Aushandelns von kultureller Besonderheit und transkulturellen Überschneidungen, aus denen beide Partner*innen verändert und mit neuen Perspektiven herauskommen.[15]

Mit der Rede von Interkultureller Theologie als der Kunst des Perspektivwechsels verbinden wir jedoch noch eine andere Eigenschaft interkultureller Theologie: Sie bleibt in Bewegung, ist dynamisch und verunsichert. Sie teilt mit anderen Künsten, dass sie Bewegung, ständige Veränderung und Neuanfänge anregt und die museale Stasis der Archive, des gesammelten Wissens und der gesammelten Bedeutungen über Menschen und Dinge hinterfragt. Die Worte

---

[14] Deleuze/Guattari, Plateaus, 26.
[15] Vergleiche dazu Zygmunt Baumann, Culture as Praxis, London u. a. 1999, xlviii.

von Susan Sontag über das, was Kunst ausmacht, gelten auch für interkulturelle Theologie:

»Wirkliche Kunst hat die Eigenschaft, uns nervös zu machen. Indem man das Kunstwerk auf seinen Inhalt reduziert und diesen dann interpretiert, zähmt man es. Die Interpretation macht die Kunst manipulierbar, bequem.«[16]

Der Begriff der Kultur in der Interkulturellen Theologie

Interkulturelle Theologie steht nicht nur vor der Aufgabe, zu klären, inwiefern sie sich als Theologie versteht und welche normativen Aufgaben sie damit unter anderem wahrnimmt, sondern auch deutlich zu machen, mit welchem Kulturbegriff sie operiert. Der Bezug zu Kultur kann dabei äußerst vielfältig ausfallen.[17] Dabei ist interkulturelle Theologie jedoch in unserer Sichtweise nicht auf sich alleine gestellt, sondern kann von den Diskussionen in anderen Fachrichtungen profitieren. Von der Religionswissenschaft und den Kulturwissenschaften kann die Interkulturelle Theologie lernen, den eigenen *Namen* und die zugrundeliegende Konstruktion von »Kultur« kritisch zu hinterfragen. Der Heidelberger Religionswissenschaftler Michael Bergunder zeigt exemplarisch an der Frage, was eigentlich Religion sei, für sein Fach auf, wie sich die Fragestellungen von Globalgeschichte, der Bezug auf die Orientalismus-Debatte und postkoloniale Theorien dazu eignen, eine kritische Genealogie des Kulturbegriffs und seiner Implikationen vorzunehmen.[18] Die Fragestellungen, wann Phänomene als religiöse Phänomene angesprochen werden und in welche Beziehung sie zu »Kultur« gesetzt werden, stellt noch einmal ein ganz eigenes Thema für sich dar. Für unseren Zusammenhang ist von Bedeutung, dass interkulturelle Theologie religiöse Phänomene und theologische Diskurse nicht im luftleeren Raum diskutiert, sondern die Bedingungen seiner Möglichkeiten dekonstruiert: Welche Diskurse führen in bestimmten Zeiten dazu, dass ein Phänomen interkultureller Theologie als interessant und in seiner Fremdheit faszinierend wahrgenommen wird? Wel-

---

[16] Susan Sontag, Gegen Interpretation [engl. erstmalig 1964], in: Dies., Kunst und Antikunst, München 1980, 9–18, hier: 13.
[17] Vergleiche dazu allein die Zusammenstellung bei Wrogemann, Theologie, 120–140.
[18] Siehe Michael Bergunder, Was ist Religion? Kulturwissenschaftliche Überlegungen zum Gegenstand der Religionswissenschaft, in: ZfR 19 (1/2, 2011), 3–55.

che Prozesse befördern die Rezeption und welche gegensätzlichen Deutungen und Interpretationsmuster haben sich im Diskurs nicht durchsetzen können?

Das Einüben und exemplarische Vorführen dieser Fragestellungen hilft den Studierenden der interkulturellen Theologie unter die Oberfläche der Phänomene zu blicken und Muster unserer Wahrnehmung benennen und deuten zu können. Für den Kontext der interkulturellen Theologie in Deutschland lässt sich dies noch einmal zuspitzen und gezielt fragen, in welche Machtkonstellationen das Interesse an außereuropäischen Kulturen einzuzeichnen ist. Interkulturelle Theologie kann dann auch dabei helfen, die Debatte um den deutschen Kolonialismus, seine Eigenheiten und sein Fortwirken, zu vertiefen. In der öffentlichen Debatte beschränkt sich die Wahrnehmung der theologischen und religionswissenschaftlichen Dimension des Kolonialismus bisher vorwiegend auf das Feld der »Mission«, die immerhin in ihrer Hybridität wahrgenommen wird.[19] Dabei ist im Sinne einer genealogischen Suche forschungsgeschichtlich noch aufzuarbeiten, wie die Figur des deutschen Interesses an außereuropäischen Kulturen in die Geschichte des Kolonialismus einzubetten ist und kritisch zu fragen, inwieweit die um 1800 geprägte »Ordnung der Kultur« sich bis heute niederschlägt.[20] Diese vielfältigen Verflechtungen sollen beispielhaft an »Afrikanischer Theologie« skizziert werden:

Afrikanische Theologien entstanden im Kontext machtvoller kultureller Wissensdiskurse. In ihnen spiegeln sich vielfältige Strategien im Umgang mit dem kolonialen Kultur-Diskurs wieder: Anpassung, Aneignung, Imitation, Widerstand, Hybridisierung, Mimikry, Maskerade etc. Wie in einer Linse bündeln sich in dem Diskursfeld Afrikanische Theologie die vielfältigen Afrikadiskurse, also alle jene machtvollen Bilder und Wissenkonstruktionen, die Ethnologen, Missionare, Kolonialbeamte, aber auch Philosophen wie beispielsweise kein geringerer als Georg Wilhelm Friedrich Hegel in seinen Vorlesungen über die Philosophie der Geschichte von Afrika entworfen haben. Afrika wurde als das »andere« von Europa erfunden, als Kontrastfolie, von der sich Europa als Kontinent der Vernunft, der Aufklärung und der Entwicklung abhob. Diese Bilder haben in vielfältiger Weise Eingang gefunden in afrikanische Theologien. Wenn afrikani-

---

[19] Vergleiche dazu zum Beispiel den Beitrag von Rebekka Habermas, »Willst du den Heidenkindern helfen?« In: Deutsches Historisches Museum (Hg.), Deutscher Kolonialismus. Fragmente seiner Geschichte und Gegenwart, Berlin 2016, 50–57.

[20] Vergleiche dazu die Darstellung bei Hansjörg Bay/Kai Merten (Hg.), Die Ordnung der Kulturen. Zur Konstruktion ethnischer, nationaler und zivilisatorischer Differenzen 1750–1850, Würzburg 2006.

sche TheologInnen beispielsweise den Gemeinschaftsaspekt afrikanischer Kulturen betonen – berühmt geworden ist das Diktum »Ich bin, weil wir sind« – oder hervorheben, dass Afrikaner ein ganz anderes Zeitverständnis haben als Europäer – nicht so viel Zukunft, mehr Vergangenheit –, dann zeigen sich darin eben die genannten europäischen Wissensdiskurse, die Afrika im Gegensatz zu Europa als gemeinschaftsorientiert konzipieren oder in »illo tempore« zurückverlagern.[21] Gleichzeitig werden diese Diskurse verflochten, neu interpretiert, subversiv oder offen verändert, machtvoll umgedeutet. Anders gesagt: Diese Diskurse sind keinesfalls statisch. Es wird vielmehr immer wieder neu ausgehandelt, wer die Deutungsmacht hat. Dem Ausdruck »agency«, der von afrikanischen Theologen heute vehement eingefordert wird, kommt hier besondere Bedeutung zu. Welche Langzeitwirkungen koloniale Kulturvorstellungen in afrikanischen Theologien haben, zeigt die Kritik des kamerunischen Theologen Jean-Marc Ela an seinen Kolleg*innen:

»Seit der Entstehung der afrikanischen Theologie am Ende der 50er Jahre des 20. Jahrhunderts besteht die Versuchung, vor allem jenen afrikanischen Wirklichkeiten Aufmerksamkeit zu schenken, mit denen sich die Ethnologie befasst.« »[I]n der afrikanischen Welt [ist] nichts starr ... Wir können uns hinsichtlich der traditionellen Religionen nicht mit veralteten Schemata begnügen. In den Stadtvierteln wissen die neuen Generationen nicht, wie im fernen Walde die Initiationsriten abliefen. ... Auch muss man darauf verzichten, von Kultur zu sprechen, als handele es sich dabei um Museumsschaustücke.«[22]

Afrikanische Theologie ist das Produkt von Selbst- und Fremddefinitionen – und dieser Prozess ist keinesfalls »unschuldig«, also interessenfrei oder frei von leitenden Perspektiven, Vorannahmen und Wissenskategorien. Schon »Afrika« ist ein Konstrukt, eine Erfindung, eine mythische Größe, eine politische Aussage. Das bedeutet nicht, dass es nicht hin und wieder nötig ist, von »afrikanischer Theologie« zu sprechen oder eine solche zu konstruieren und damit etwa einen essentialistischen Gegenentwurf zu schreiben, der all den Demütigungen, Entwürdigungen, Verletzungen und Vernichtungen, die Menschen auf dem afri-

[21] Vgl. etwa Buthelezis frühe Kritik am romantisierenden Afrika-Enthusiasmus der Missionare des 19. Jahrhunderts: Manas Buthelezi, Ansätze afrikanischer Theologie im Kontext von Kirchen in Südafrika. Dialog mit Manas Buthelezi, in: Ilse Tödt(Hg.), Theologie im Konfliktfeld Südafrika. Dialog mit Manas Buthelezi, Stuttgart/München 1976, 33–132, v. a. 115–121. Die Strategien der Verortung »der Afrikaner« in einer anderen Zeit untersucht auch Johannes Fabian, Time and the Other. How Anthropology Makes its Object, illustrierte Neuauflage, New York 2002.
[22] Jean-Marc Ela, Gott befreit. Neue Wege afrikanischer Theologie, Freiburg 2003, 17, 34.

kanischen Kontinent erlebt haben und noch erleben, entgegenwirken kann. Gayatri Spivak nennt dies bekanntlich einen strategischen Essentialismus, der politisch notwendig sein kann, wo Menschen anhaltend marginalisiert werden und ihre Partizipation an gesellschaftlichen Prozessen eingeschränkt wird. Eine »afrikanische Theologie« zu konstruieren folgt – fern der Unschuld – Interessen, wobei die Interessen durchaus unterschiedlich und sogar konträr sein können, je nachdem, wer der Autor oder die Autorin ist. Ein Beispiel sind jene Theologien, die gegen eine westliche Überfremdung afrikanischer Kultur in ihren Theologien afrikanischen Mythen, Spruchweisheiten, Erzählungen, Riten und Sitten besondere Bedeutung beimessen. Feministische Theologinnen aus Afrika kritisieren nun – in einem spannenden Spagat –, dass diese Mythen und Traditionen revidiert werden müssen, denn sie fördern die Unterdrückung der Frau; zwar müsse afrikanische Theologie diese ursprünglich mündlichen Überlieferungen aufnehmen, aber eben nicht unkritisch. Weder diese Traditionen und Konstruktionen von Kultur noch eine darauf aufbauende Theologie oder Gegen-Theologie ist »unschuldig«.

Interkulturelle Theologie als Kunst des Perspektivwechsels leistet in ihrem kritisch-analytischen Verständnis von Kultur einen Beitrag dazu, kulturelle Verflechtungen wie auch etwa die Politisierung kultureller Argumentationsmuster aufzudecken und dadurch neue Perspektiven auf eingefahrene machtvolle und mitunter unterdrückerische kulturelle Strukturen einzunehmen.

Verletzlichkeit und Langsamkeit als Methoden der interkulturellen Theologie

Aus der religionswissenschaftlichen Infragestellung der eigenen Konstruktionen und der Dekonstruktion leitender Paradigmen der eigenen Wissenschaftstradition lassen sich nicht nur forschungsgeschichtliche Implikationen für die Interkulturelle Theologie, sondern auch Folgerungen für die Praxis ableiten. Der Begriff der »Weltreligion« ist ein treffendes Beispiel, an dem sich dies illustrieren lässt: In der Auseinandersetzung mit der Kritik am Konzept der Weltreligionen als eines hegemonialen Zugangs[23] kann ein neuer Akzent auf die eigene *Verletz-*

---

[23] Siehe Tomoko Masuzawa, The Invention of World Religions: Or, How European Universalism Was Preserved in the Language of Pluralism, Chicago 2005.

lichkeit und Verlässlichkeit hinsichtlich der Traditionen und Kulturen, die wir darstellen, gelegt werden. Die Leitfrage, die dabei für alle Lehrenden folgt, lautet: Wie werden Repräsentationen, Bilder und Quellen ausgesucht und vermittelt, sodass es nicht zu einer Reproduktion von Klischees kommt und die Dozentin/ der Dozent Ambivalenzen aufgibt.[24] Am vorhergehenden Beispiel der afrikanischen Theologien wurde die Komplexität dieser Aufgabe und auch das umfangreiche politische und gesellschaftliche Feld, das damit betreten wird, bereits entfaltet. Ein Team von Dozentinnen, das sich für die Religionsdidaktik ausführlicher damit beschäftigt hat, gibt einen Ratschlag, der sich mit unseren Erfahrungen deckt und theologisch als besonders anschlussfähig erscheint: Die eigene Verletzlichkeit auch als Quelle des Lernens ins Spiel zu bringen und epistemologisch fruchtbar zu machen.[25] Denn interkultureller Theologie geht es nicht nur um die Vermittlung von Wissen und Kompetenzen, zu denen wir später noch kommen werden, sondern sie hat viel mit Haltung zu tun. Das fordert etwa bell hooks immer wieder ein:

»Ich warte darauf, daß sie aufhören, über ›das Andere‹ zu sprechen, aufhören auch, zu betonen, wie wichtig es sei, über Differenz sprechen zu können. Wichtig ist nicht nur, worüber wir sprechen, sondern auch wie und warum wir sprechen. Oft ist dieses Sprechen über ›das Andere‹ auch eine Maske, ein tyrannisches Sprechen, das Lücken und Abwesenheiten verdeckt, den Raum, in dem unsere Worte wären, wenn wir sprechen würden, wenn es still wäre, wenn wir dort wären«.[26]

Die eigene Verletzlichkeit zu einer Ressource der Begegnung und des Lernens zu machen, ist etwas, was in einer Wissensgesellschaft nicht selbstverständlich ist. Zwar hat sich, durch befreiungstheologische Entwürfe befördert, neben der Orthodoxie der Gedanke der Orthopraxie zumindest in einigen Teilen der interkulturellen Theologie und Ethik etabliert. Die Orthopathie im Sinne eines gemeinsamen und solidarischen Erlebens und Erleidens im Wissen um die gemeinsame existentiale Erfahrung der Verletzlichkeit sowie eine daraus resultierende Universalität der Solidarität erscheinen zwar häufig als ethisch geboten, mit der akademischen Verpflichtung zu Objektivität und Distanznahme jedoch unver-

---

[24] Am Beispiel der »Weltreligionen« wird dies von Locklin und Anderen deutlich dargestellt: Reid B. Locklin/Tracy Tiemeier/Johann M. Vento, Teaching World Religions without Teaching »World Religions«, in: Teaching Theology and Religion 15 (2, 2012), 159–181.

[25] Vergleiche Locklin u. a., Teaching, 180.

[26] bell hooks, Sehnsucht und Widerstand. Kultur, Ethnie, Geschlecht, Berlin 1996, 154f.

einbar. Eine entscheidende Frage hinsichtlich der Verletzbarkeit ist die, wie *agency*, Widerstand und Transformation gesellschaftlicher Verhältnisse mit Verletzbarkeit zusammen gedacht werden können. Verletzbarkeit zu einer zentralen Ressource der Begegnung, des Lernens und des Wissens zu machen, darf nicht zur Einschränkung der Handlungsmacht führen und asymmetrische Beziehungen befördern. Vielmehr kann und muss die Einsicht in die Verletzbarkeit jedes Einzelnen und des Lebens überhaupt asymmetrische Beziehungen gerade aufheben. Dann wird Verletzbarkeit als Grundlage für eine symmetrische Verhältnisbestimmung verstanden:

»Im Bezugsnetz der Verletzbarkeit« – weil wir alle verletzbar sind –, so behauptet beispielsweise Gesa Ziemer, »kann niemand den erhöhten Standpunkt übernehmen und entscheiden, welcher Körper als schön, begehrens- und lebenswert und welcher als hässlich, nicht begehrens- und lebensunwert eingestuft wird«.[27]

Wir erkennen in Verletzlichkeit und Langsamkeit zwei Methoden, die gelungenen Begegnungen zugrunde liegen. Carolin Emcke, die sich einen Ruf als Kriegsreporterin erarbeitet hat, vermittelt diese Tugend, die eigene Verletzlichkeit und das eigene Nicht-Können auszuhalten, zu thematisieren und dennoch als Zeuge aufzutreten, immer wieder in ihren Texten. Am Beispiel der Polizei-Gewalt gegen Eric Garner führt sie aus, wie eine andere Weise des Sehens auch die Situation als solche verändern kann. Durch ein Video eines Nicht-Beteiligten, der die Szene sieht, kommentiert und filmt, wird eine Gegen-Öffentlichkeit geschaffen, die schließlich auch Auswirkungen auf die Handelnden hat, obwohl es eine Position der absoluten Machtlosigkeit ist.[28] Ein nicht-essentialisierender Zugang zu interkulturellen Theologien verabschiedet sich von der Idee akademischer Neutralität zugunsten eines Zugangs, der Stellung bezieht.[29]

---

[27] Gesa Ziemer, Verletzbare Orte. Entwurf einer praktischen Ästhetik, https://publishup.uni-potsdam.de/opus4-ubp/files/655/ziemer.pdf 2005 (12.2.2017).
[28] Siehe dazu Carolin Emcke, Gegen den Hass, Frankfurt a. M. 2015, 91.
[29] Dies können unterschiedliche befreiende Traditionen sein. Aus dem Bereich der Interkulturellen Theologie wären dann beispielhaft zu nennen: Klaus von Stosch/Muna Tatari (Hg.), Gott und Befreiung. Befreiungstheologische Konzepte in Islam und Christentum, Paderborn 2012; Barbara Lukoschek, Ethik der Befreiung. Engagierter Buddhismus und Befreiungstheologie im Dialog, Paderborn 2013.

Deuten, Gestalten, Mitfühlen: Die Kompetenzen Interkultureller Theologie

Trotz aller Schwierigkeiten mit dem Kompetenzbegriff und einem sozialwissen-schaftlichen Unbehagen gegenüber dem Kompetenzmodell[30] haben wir uns dafür entschieden, drei Kompetenzen für die interkulturelle Theologie zu formulieren. Wir sehen die Kompetenzen der Interkulturellen Theologie jedoch in starkem Kontrast zu Kompetenzmodellen im Bereich der interkulturellen Pädagogik, die sehr stark auf Verstehen setzen.[31] Modelle, die interkulturelle Trainings auf interreligiöse Problemstellungen übertragen, scheinen in unserer Sicht daher zum Scheitern verurteilt.[32] Dies zeigt sich auch in den Schwierigkeiten, empirisch überprüfbare Kompetenzen, selbst wenn diese als »Prozess-Kompetenzen« gekennzeichnet werden, für den Religionsunterricht zu formulieren.[33] Und dennoch lassen sich aus den bisher ausgeführten Überlegungen zur interkulturellen Theologie Kompetenzen formulieren, die in der Praxis umgesetzt werden können. Als Erstes folgt aus unserer Vorstellung von interkultureller Theologie als Kunst des Perspektivwechsels die Kompetenz des *Deutens*. Gerade in der Vielfalt und Komplexität der verschiedenen Weltzugänge, die in der Beschäftigung mit interkultureller Theologie aufgeschlossen werden, sollen Studierende dazu befähigt werden, ihre eigenen Deutungen zu entwickeln. Dies beinhaltet ein Verständnis für die Prozesse des Fremdmachens, der Herstellung des Exotischen und Fremdartigen, wie es Astrid Messerschmitt mit ihrem Modell des zerstreuenden Blicks beschreibt. Dieser Gedanke führt noch weiter. Denn der zerstreuende Blick ist ja einer, der nicht auf Projektion setzt, sondern eine Perspektive einnimmt, die die festgefahrenen Bilder verflüssigt und damit in enger Nähe zur Kunst steht. Die Kunst, Wahrheit in den Zwischenräumen des Diskurses und der Begegnungen aufzuweisen, hängt eng mit dieser Kompetenz des Deutens zusammen. Deuten beinhaltet auch die Fähigkeit, zu einer kritischen Unterscheidung der Geister zu gelangen und damit auch dem Kriterium der

---

[30] Vergleiche zur Diskussion Axel Bolder/Ralf Dobischat (Hg.), Eigen-Sinn und Widerstand. Kritische Beiträge zum Kompetenzentwicklungsdiskurs, Wiesbaden 2009.

[31] Siehe dazu beispielhaft Ursula Bertels/Claudia Bussmann (Hg.), Handbuch interkulturelle Didaktik, Münster u. a. 2013, 33.

[32] Das wird zum Beispiel versucht bei Anne Koch, Multireligiös und Multikulturell. Kompetenz im religiösen Feld der Gegenwart, Frankfurt a. M. 2006.

[33] Vergleiche dazu Peter Schreiner, Zur Diskussion um interreligiöse Kompetenz. Anmerkungen zu aktuellen Konzeptionen und Projekten, in: Herbert Stettberger/Max Bernlochner (Hg.), Interreligiöse Empathie lernen. Impulse für den trialogisch orientierten Religionsunterricht, Berlin 2013, 63–72.

Frage nach der Wahrheit, wie wir es bereits ausgeführt haben, gerecht zu werden. Eine Deutung ist stets vorläufig, gesteht sich ihre eigene Verletzlichkeit ein und ist fern von essentialistischen Festschreibungen.

Wer deuten kann, der/die kann auch *gestalten.* Was wir nicht wollen, ist, dass Studierende der interkulturellen Theologie mit dem Gefühl aus den Begegnungen, Veranstaltungen und Kursen gehen, dass alles einfach nur wahnsinnig komplex ist und dass es viel zu viele Fettnäpfchen gibt, in die man sich begeben könnte. Stattdessen sollen Studierende die Kompetenz erwerben, die Verunsicherung produktiv zu nutzen, um Begegnungen, Dialoge und Kultur mit Feingefühl und souverän zu gestalten. Sie sollen ermutigt werden, veröffentlichte Meinung kritisch zu begleiten, Interventionen gestalten und neue Perspektiven eröffnen zu können.

Wenn wir schließlich von Mitfühlen als einer entscheidenden Kompetenz der interkulturellen Theologie sprechen, dann meinen wir dies nicht im Sinne einer Gefühls-Duselei, oder eines Tugend-Terrors, der allein die richtige Haltung belohnen würde. Stattdessen greifen wir noch einmal unsere theologischen Überlegungen zur Bedeutung der Haltung in der interkulturellen Theologie auf.

(PD Dr. Claudia Jahnel ist Leiterin des Referats Mission Interkulturelle bei Mission EineWelt in Neuendettelsau, Dr. Simon Wiesgickl war von 2013 bis 2016 wissenschaftlicher Mitarbeiter am Lehrstuhl für Religions- und Missionswissenschaft der Friedrich-Alexander-Universität Erlangen-Nürnberg)

ABSTRACT

Intercultural Theology is a discipline which in critically questioning traditional concepts like the concept of »the other«, »culture«, »truth«, or »world religions« opens new perspectives and venues which are most relevant and necessary in the field of academic research, discourse and epistemology. Yet, they also hold implications for the political practice and the transformation of society. Last but not least Intercultural Theology aims at enabling students to interpret the manifold religious and social phenomena and realities without reducing their complexities and claiming universal power of interpretation in line with the colonial patterns »understanding« the world; it furthers the competency of students to engage in intercultural encounters, dialogue and the shaping of culture with heightened sensitivity; and it leads to the development of compassion and solidarity.

Beim folgenden Text handelt es sich um den Vortrag unseres Redaktionsmitglieds Klaus Hock auf der akademischen Gedenkfeier zur Erinnerung an den am 16. 9. 2015 verstorbenen Lehrstuhlinhaber für Missionswissenschaft und ökumenische Beziehungen der Kirchen am Fachbereich Ev. Theologie der Universität Hamburg, Prof. Dr. Theo Ahrens. Darin wird unter anderem der konstruktive Beitrags Theo Ahrens' in der Auseinandersetzung mit dem Thema »Interkulturelle Theologie« gewürdigt, zu deren Neuorientierung, so die These, er mehr beigetragen hat, als auf den ersten Blick sichtbar wird. Für den Abdruck haben wir den Vortragsstil beibehalten und das Manuskript bis auf minimale sprachliche Korrekturen unverändert belassen.

Die Gabe der Verantwortung.

»Christliche Präsenz« zwischen Hören und Gestalten

Klaus Hock

Als ich die ehrenvolle Einladung erhielt, den Vortrag im Rahmen der akademischen Gedenkfeier für Theo Ahrens zu halten, waren für mich sogleich zwei Dinge klar. Erstens: Es soll vom Format her keine posthume Laudatio sein, wenngleich Bezüge zum Lebenswerk des zu Gedenkenden durchaus einfließen dürfen, ja sollen – und zweitens: Ich werde auf keinen Fall ein Thema wählen, das in irgendeiner Weise auf das Thema »Gabe« Bezug nimmt, also auf einen Gegenstand, mit dem sich Theo Ahrens über viele Jahre, wenn nicht gar Jahrzehnte hinweg beschäftigt hat. Damit wäre ich nämlich völlig überfordert, weil ich nie und nimmer dem Niveau gerecht werden könnte, auf dem Theo die damit verbundenen Fragen in seinen einschlägigen Veröffentlichungen verhandelt hat.

Als dann terminbedingt bei mir die freundliche Mahnung einlief, nun endlich mal ein Thema zu benennen, kam aus einer Mischung von Intuition und Zeitdruck der Titel zustande, unter dem dieser Vortrag nun steht.

Da habe ich mir ganz schön was eingebrockt! Nicht nur steht die »Gabe« gleich an zweiter, exponierter Stelle, sondern ist zudem eingebaut in ein weiteres Geflecht von Begriffen, die mit komplexer Metaphorik hochgradig aufgeladen sind – und in ihrer Zusammenstellung doch so opak bleiben. Dass dem Intuitiven bei der Titelwahl vielleicht doch mehr Strukturiertes und, wenngleich unbewusst, vorbegrifflich Angedachtes zugrunde lag, hat sich dann erst bei der Ausarbeitung meines Vortrags abgezeichnet. Trotzdem – und das sei gleich zu Beginn vorweggenommen – werde ich im Folgenden kein in sich abgeschlossenes, abgerundetes Ganzes präsentieren. Ganz im Gegenteil: Vieles wird eher assoziativ daherkommen und somit auch offen bleiben.

»Entpacken« habe ich meine einführenden Bemerkungen überschrieben, mit denen ich kurz skizzieren will, worum es in diesem Vortrag gehen soll. Es folgen zwei Abschnitte, in denen ich verschiedene Dimensionen der Thematik entfalte: Akteure sowie Diskurse und Konzepte, und ich ende mit einem »Zusammenpacken, ohne einzupacken«, um nochmals auf das »Entpacken« Bezug zu nehmen: »Optionen und Perspektiven«.

»Entpacken«

Wie gesagt, der Titel ist ebenso opak, wie die einzelnen Begriffe metaphorisch aufgeladen sind. Den der *Gabe* lasse ich erst einmal unbeachtet, beherrscht er doch als Subjekt der Überschrift das Ganze, ohne dass sich erschließt, auf was er verweist – denn semantisch ist zunächst offen, ob die Gabe aktivisch oder passivisch zu verstehen ist. Der Begriff der *Verantwortung* ruft den Aspekt des Ethischen auf, der tief in normativen – rechtlichen, weltanschaulichen, religiösen – Dimensionen verankert ist und zugleich nach vernunftgeleiteten Begründungen verlangt. Im Untertitel, von hinten aufgerollt, verweist gegenüber der ethischen Dimensionierung der Verantwortung das *Gestalten* auf Prozesse des kreativ Einfluss Nehmenden und Verändernden – und damit auch des Politischen. Im Begriff des *Hörens* wiederum finden sich jenseits seiner alltagsweltlichen, generellen Bedeutung höchst theologische Assonanzen: Mit der *fides ex auditu* bemühe ich eine theologische Schlüsselkonzeption, die weit über eine Luther-Barth-Achse hinausgehend von eminenter ökumenischer Relevanz ist, da sie etwa auch in der römisch-katholischen Theologie starke dogmatische Traditionen ausgebildet hat, weiterhin aber beispielsweise in missionarischen Diskursen, in Mönchstraditionen und gleichermaßen in (hoch)kirchlicher wie populärchristlicher Ästhetik von zentraler Bedeutung ist. Am engsten ist noch der Begriff der *christlichen Präsenz* gefasst – der hier nicht in einem allgemeinen, unspezifischen Verständnis gemeint sein soll, sondern als programmatisches Konzept, wie es vor mehr als einem halben Jahrhundert im Kontext christlich-islamischer Begegnung entworfen wurde.

Trotz dieser stichwortartigen Erläuterungen hat der Titel meines Vortrags insofern noch nichts von seiner Opazität verloren, als er in der Zusammenschau der Begriffe wenig darüber verrät, ja, geradezu das verdeckt und auszublenden scheint, was thematisiert werden soll. Nun, es geht mir um nichts weniger als um die Frage, wie »das Geschäft der Interkulturellen Theologie« im akademischen Kontext zu betreiben ist. Vielleicht hätte ich den Beitrag ganz einfach nennen sollen »Interkulturelle Theologie als Beruf«; aber das hätte mich wohl dem Verdacht ausgesetzt, dem Größenwahn verfallen zu sein, denn dann wäre vielleicht doch dem einen oder der anderen die Assoziation zu Max Webers »Wissenschaft als Beruf« aufgefallen. Nein, einer solchen Hybris will ich mich nicht verschreiben. Mein äußerst bescheidenes Vorhaben ist lediglich, ein paar assoziative Skizzierungen auf vergleichsweise allgemeiner Ebene in Bezug auf die nach wie vor unabgeschlossene Diskussion um die Neuorientierung Interkultureller Theologie vorzunehmen, wie sie sich in den letzten Jahren abgezeichnet hat.

Akteure und Akteurinnen: Raus ins (Missions-)Feld – oder rein in den Lehnstuhl?

Eine zentrale Frage stellt sich für Interkulturelle Theologie in besonders verschärfter Form: die nach dem Verhältnis von Theorie und Praxis sowie noch konkreter: die nach der Rolle jener, die »Interkulturelle Theologie als Beruf« betreiben. Bei der Annäherung an eine Antwort muss ich viele andere, durchaus grundsätzliche Fragen ausblenden – etwa die, ob und inwieweit Theologie (politische) Aktion sein sollte, oder doch (nur) Reflexion, oder ob Theologie ihren Ort in den Hörsälen oder den Straßen, den Akademien oder den Slums finden sollte. Wenn der deutsche Theologe Tobias Keßler oder die philippinische Theologin Gemma Tulud Cruz – wie inzwischen auch viele andere – von der »Migration als Ort der Theologie« sprechen, wäre beispielsweise zu bedenken, ob dieser Ort bloß symbolisch zu verstehen ist.

Für Interkulturelle Theologie stellt sich die Doppelfrage nach dem Verhältnis von Theorie und Praxis sowie nach der Rolle jener, die »Interkulturelle Theologie als Beruf« betreiben, besonders dringlich. Denn sie speist sich, disziplinengeschichtlich betrachtet, eben doch ganz stark auch aus den Praxiserfahrungen derjenigen, denen sie Daten »aus erster« – oder, na ja, zumindest aus zweiter Hand verdankt: den Missionaren und, selbstverständlich, wenngleich spät wieder- bzw. neu entdeckt und erinnert, den Missionarinnen. Aber diese Praxiserfahrungen bleiben ambivalent.

Eine meiner Lieblingsgeschichten ist die von Andreas Riis, einem Pionier der Basler Mission an der sog. Goldküste, im heutigen Ghana. An dieser Geschichte lassen sich mehrere grundlegende Probleme aufzeigen, insbesondere mit Blick auf die Anfänge des Christentums die Frage der *agency*, der Handlungsmacht der diversen Beteiligten: Welche Rolle spielte der im Laufe der Zeit zum großen Missionsheros verklärte Andreas Riis – und welche Bedeutung kommt den einheimischen Akteuren zu? In diesem Zusammenhang ist folgende Episode bemerkenswert: Zwischen 1828 und 1840 waren alle bis dahin an die sog. »Goldküste« entsandten Missionare den harten klimatischen und hygienischen Umständen zum Opfer gefallen, zumeist dahingerafft von Tropenkrankheiten, denen die damalige europäische Medizin nichts entgegenzusetzen hatte. Nur einer überlebte: Andreas Riis. Im *Baseler Missionsmagazin* hieß es später hierzu: *»R. selber lag schwer krank darnieder, die ärztlichen Mittel wollten nicht helfen, bis er sich entschloß, einen Negerdoctor kommen zu lassen. 6–8 kalte Bäder bewirkten, daß er nach 4 Tagen hergestellt war«.* Charles P. Groves' vierbändige Missionsgeschichte enthält entsprechend den lapidaren Vermerk: *»Riis' life was despaired of, but thanks to a Negro doctor, he was given treatment that pulled him through«.*

Ich selbst habe bereits an anderer Stelle meine Interpretation dieser Ereignisse kundgetan. Meines Erachtens überlebte Riis deshalb, »weil er sich der medizinischen Expertise eines Experten in traditioneller afrikanischer Heilkunst anvertraut hatte. Seinem Lebensretter ist es zu verdanken, dass er in den nächsten Jahren (und nach seiner Rückkehr 1843–45) die Basler Mission erfolgreich etablieren konnte, womit die Christianisierung der gesamten Region ihren Ausgang nahm. Pikant an dieser Geschichte ist, dass sie so gelesen werden kann: Riis unterwirft sich einer Heilpraxis, die zutiefst in afrikanischen traditionellen Religionen verankert ist. Damit verlässt er vorübergehend ›seine‹ Welt des europäischen Christentums und wechselt in die ›andere‹, afrikanische Welt und überlebt, weil er in gewisser Weise ›konvertiert‹ ist. Auf jeden Fall aber ist es diese Welt der Dämonen, der Geister und der heilsamen Zauberkräfte, die den Grundstein für die Christianisierung der gesamten Region gelegt hatte.«

Im Wettbewerb zwischen afrikanischer und europäischer Heilkunst setzte sich üblicherweise eigentlich diejenige mit »Heimvorteil« durch, »doch in diesem Fall ist die Macht der Deutung stärker als die Macht des Faktischen; die lapidaren Hinweise auf den ›Negerdoktor‹ nehmen dem Ereignis seine Brisanz, entsorgen es in einer Fußnote der Missionsgeschichte. Die Differenz wird weggedeutet und die ›sekundäre‹ Macht des Faktischen obsiegt – die siegreiche Geschichte der Christianisierung macht einer neuen Deutung Platz: der des Missionsheros, der durch Strapazen, Leiden und Opferbereitschaft hindurch zum Pionier der ghanaischen Kirchengeschichte wird. Die Episode um seine Heilung wird später gar als Beleg seiner pragmatischen und gegenüber dem afrikanischen Kontext offenen Haltung gedeutet, fand doch das Beispiel seines Verzichts auf die Inanspruchnahme der nutzlosen europäischen Heilkunst und seiner Hinwendung zur afrikanischen unter vielen Basler Missionaren bis zu Beginn des 20. Jahrhunderts Nachahmung, was wiederum als Beispiel für die Offenheit und Toleranz europäischer Mission gegenüber afrikanischer Kultur angeführt wird. Eine neue pikante Note erhält diese Deutungstradition dadurch, dass jüngst die Vermutung eingespielt wurde, bei dem Negerdoktor‹ könne es sich vielleicht doch um einen Dänen gehandelt haben…«

Die Ironie der (Missions-)Geschichte geht also in Gestalt ihrer Deutung weiter: »Einerseits wird Riis als Pioniermissionar gefeiert, dem der Erfolg der Christianisierung zu verdanken sei, und die mindestens ebenso bedeutsamen afrikanischen Akteure entschwinden der Erinnerung. Andererseits gibt es eine Amnesie gegenüber dem Fortleben traditioneller afrikanischer Machtvorstellungen und Deutungsmuster, die sich – nach der Restituierung des Königtums von Akwapim Mitte der 1840er Jahre – beispielsweise in der ungebrochenen Fortführung zeremonieller Verpflichtungen spiegeln. Diese erwachsen aus den traditionellen Machtbindungen und müssen rituell zum Ausdruck gebracht werden, was zu einem andauernden Konflikt zwischen der Kirche und den notorisch mit Kirchenzucht belegten traditionellen, aber seit Generationen christlichen Herrschern führt.«

Nicht weniger als die »Theologen vor Ort« sind die Beiträge der »armchair«-Theologen ambivalent, die mit Fragen des Religions- und Kulturkontakts, selbstverständlich zumeist unter der Perspektive des Missionsinteresses, befasst waren. Die großen Missionstheologen verfügten auf jeden Fall über vergleichsweise gute Informationen – und nutzten sie auch intensiver als ihre theologischen

Fachkollegen aus den anderen Disziplinen, die an den Fragen, die sich aus der Situation im damals so genannten »Missionsfeld« ergaben, in der Regel überhaupt nicht interessiert waren.

Die im Kontext von kolonialer Ausbreitung und technologischer Entwicklung schon früh gegebenen Möglichkeiten erlauben es eigentlich nicht, Missionswissenschaftler grundsätzlich als reine »armchair-Theologen« zu betrachten. Zwar hatte Gustav Warneck, der im deutschsprachigen Bereich als Wegbereiter der Missionswissenschaft als akademischer Disziplin gilt, also einer der Vorläufertraditionen Interkultureller Theologie, niemals einen Fuß auf irgendein außereuropäisches Missionsgebiet gesetzt. Gleiches trifft auf Joseph Schmidlin zu, sein katholisches Pendent. Andere, wie Julius Richter oder Gerhard Rosenkranz, konnten immerhin schon auf extensive Reisetätigkeit verweisen – allerdings eher zu internationalen Konferenzen als »ins Feld« –, und dann finden sich zunehmend Personen wie Hans-Werner Gensichen, die auch durch längere Aufenthalte in Übersee auf unmittelbare Erfahrungen »vor Ort« zurückblicken durften. Zwischen diesen beiden Polen – einer langjährigen Erfahrung in der Begegnung »vor Ort« einerseits, über kürzere *Exposure*-Erfahrungen kaum hinausgehendes Forschen in europäischen tertiären Bildungsinstitutionen andererseits – haben sich die Akteure dieser Art der christlich induzierten Religionsbegegnung und Religionsforschung lange Zeit bewegt.

Eine ähnliche Spannbreite ließe sich bei ihren Kollegen der außertheologischen Religionsforschung oder der religionsaffinen Forschung wie etwa der Ethnologie feststellen. Es gibt allerdings einen signifikanten Unterschied: Die theologischen Akteure waren viel stärker der jeweiligen christlichen *community* verbunden – schon alleine formal durch ihr gemeinsames Christsein –, als das bei ihren ethnologischen Kollegen in Bezug auf die von ihnen erforschten Gesellschaften je der Fall war; und selbst vermeintlich reine »armchair«-Theologen verfügten dann doch über direkte Verbindungen zu den Missionskirchen und später den damals so genannten »Jungen Kirchen«.

Selbstverständlich gab es aber auch eine Reihe von Ähnlichkeiten zwischen inner- und außertheologischer Religionsforschung: Fremdheits- und Irritationserfahrungen machten gleichermaßen Missionare oder Missionswissenschaftler im »Missions-Feld« und Ethnologen oder Kulturanthropologen im – wie auch immer gestalteten – »Kultur-Feld«; und »armchair«-Wissenschaftler, die sich niemals über die Schwelle Europas hinaus bewegt hatten, kennt gerade die frühe Ethnologie zu Genüge.

In ihrem Beitrag zur Entwicklung der Forschung und der jeweiligen Disziplinen zeigen sich bei allen Vertretern ähnliche Ambivalenzen. Grundlegend scheint mir der Unterschied zu sein, dass im theologischen Feld aller Unbill zum Trotz der Bezug auf ein Verbindendes vorausgesetzt war – markieren wir dieses Gemeinsame einmal mit dem recht allgemeinen Signifikanten »christlicher Glaube« –, wie chimärenhaft und abstrakt das auch immer gewesen sein mag.

Verlängern wir unsere Beobachtungen bis in die jüngere und jüngste Zeit und Gegenwart, entdecken wir Ähnlichkeiten zu den beschriebenen Phänomenen und Akteuren: Mit Blick auf den deutschsprachigen Kontext ließe sich feststellen, dass jene, die Interkulturelle Theologie als Beruf betreiben, und namentlich die Lehrstuhlinhaber/innen an den Theologischen Fakultäten, über quantitativ und qualitativ sehr unterschiedliche Erfahrungen »im Feld« verfügen. Dass es nicht ganz »ohne« geht, ist Konsens, alles andere aber wohl doch eher verhandelbar. Und das ist auch gut so. Denn die Erfahrung in und auf dem Feld – dem früheren »Missionsfeld«, das sich später zu den paternalistisch umsorgten sog. »Jungen Kirchen« und dann zu den (zumindest formal) eigenständigen Kirchen wandelte – kann und darf nicht zum alleinigen Gültigkeits- und Gütekriterium Interkultureller Theologie erhoben werden, zumal sich »das Feld« nicht (mehr) nur »dort« oder gar »in Übersee« befindet, sondern ebenso »hier« vor Ort. Viel entscheidender ist, ob wir mit Interkultureller Theologie als Beruf die sich abzeichnenden Herausforderungen und notwendigen Veränderungen wahrnehmen und in unsere Arbeit integrieren – eine Arbeit, die nach wie vor zu einem Großteil in kritischer Reflexion besteht und aus der Infragestellung überkommener Theorien heraus um die Generierung innovativer Ansätze bemüht ist.

Bedauert werden kann (und sollte) in diesem Zusammenhang sicherlich, dass sich praktisch kaum Vertreter/innen Interkultureller Theologie im deutschsprachigen akademischen Kontext finden, die selbst aus diesem vielbeschworenen »Feld« kommen. Auch das darf jedoch nicht alleiniger Qualitätsmaßstab Interkultureller Theologie sein. Dieser kann sicherlich nicht verfügt oder eindeutig vorgegeben werden; aber Indizien dafür sind doch einerseits die Einbettung der in der Interkulturellen Theologie betriebenen theoretischen Erörterungen in wissenschaftliche Diskurse im Allgemeinen und in theologische im Besonderen. Dies bringt mich zum zweiten Teil:

Diskurse und Konzepte: postkoloniale Impulse

Die skizzierte Ambivalenz der Akteure draußen »im Feld« – wie auch »drin-
nen«, also »in den Lehnstühlen« (oder auf den Lehrstühlen) europäischer Universitäten – ließe sich durch einen Blick in die Disziplinengeschichte vielfältig
illustrieren. Diese Ambivalenz betraf nicht nur die Einstellung zum Verhältnis
von Mission und Kolonialismus – sondern auch die der Beziehung zwischen
»Missionaren« und »Missionierten« bzw. »Noch-zu-Missionierenden«. Das
breite Spektrum der Möglichkeiten zwischen Kolonialmission und »Euthanasie
der Mission« ist bekannt und muss hier nicht weiter in Erinnerung gerufen werden. Die spätere Infragestellung paternalistischer und kolonialistischer Beziehungen geschah ebenfalls nicht nur durch Akteure »vor Ort«, sondern auch und
gerade durch die an europäischen Universitäten Lehrenden – und das häufig
grundsätzlicher und weitreichender, zumal entsprechende Neu-Konzeptualisie-
rungen und Re-Konfigurationen mit der Entwicklung leitender und vertiefender
theologischer Entwürfe verbunden waren.

Da wäre etwa an Richard Friedlis »De-Mission« oder Hans Jochen Margulls
»Verwundbarkeit« zu denken. Friedlis De-Mission knüpfte nicht nur an die Eu-
thanasie-Metapher an, indem er das Schlusskapitel seines Buches mit »STER-
BEN … das Ende der Mission« überschrieb, sondern nahm gewissermaßen mit
dem semantischen Bezug auf die »Dekolonisation« schon Perspektiven in den
Blick, die erst später unter dem Etikett des Postkolonialismus thematisiert wurden; und Margulls »Verwundbarkeit« verweist nicht nur auf die blutenden Wun-
den der Missionsgeschichte zurück, sondern eröffnet *avant la lettre* Perspektiven, die außerhalb der Theologie später in einer Vielzahl von Disziplinen unter
dem Signum der Vulnerabilität verhandelt wurden und werden, mehr noch: die
selbst innerhalb der Theologie – und noch spezifischer: sogar innerhalb der Interkulturellen Theologie – erst in jüngster Zeit an Prominenz gewonnen haben,
so etwa in Gestalt des Bemühens, Vulnerabilität als Schlüsselkategorie im interreligiösen Diskurs zu etablieren.

Angesichts der historischen Nach- und Spätwirkung solcher kritischer Konzepte könnte denen, die diese erneut aufgreifen, »ökumenische Vergessenheit«
vorgeworfen werden – wie dies auch mit Blick auf die zunehmende Etablierung
des Begriffs der Interkulturellen Theologie getan wurde. In der Tat darf das Ur-
heberrecht der frühen Verwendung des Begriffs im Sinne eines theologischen
Entwurfs vornehmlich von Margull, Hollenweger und Friedli für die Mitte der

1970er Jahre reklamiert werden. Und doch geht es ein Stück weit noch einmal um qualitativ demgegenüber veränderte Diskurse, wenn Interkulturelle Theologie hinsichtlich ihrer programmatischen Ausrichtung in den Blick genommen wird, wie sie sich seit mindestens einem guten Jahrzehnt abzeichnet. Hierbei ist insbesondere das Gewicht der Postkolonialen Studien sowie der Einfluss von Neuorientierungen in den wissenschaftlichen Diskursen zur Beschreibung, Analyse und Interpretation von Kulturkontakten erkennbar, die unter anderem auch durch die veränderten wissenschaftshistorischen und wissenschaftstheoretischen Bedingungen inspiriert wurden. Das hat sich insbesondere in den verschiedenen kulturwissenschaftlich ausgerichteten Disziplinen niedergeschlagen. Zwar sind in öffentlichen Diskursen und in populärwissenschaftlichen Darstellungen nach wie vor noch Vorstellungen virulent, die von Kulturen (und konsequenterweise dann auch: Religionen) im Sinne von binären Oppositionen und unvereinbaren fundamentalen Gegensätzen sprechen. Der Erfolg des von Thilo Sarrazin bereits 2010 veröffentlichten ersten Bestsellers, dem er sechs Jahre später einen weiteren folgen ließ, bezeugt das Fortdauern solchen Gedankenguts ebenso wie die erfolgreiche Propaganda rechtspopulistischer und rechtsextremistischer Parteien und Bewegungen, die momentan bei manchen Teilen der Bevölkerung auf so fruchtbaren Boden fällt. Die ein solches Weltbild begründenden Diskurse scheinen (und sind vielleicht sogar zum Teil) vom Strukturalismus geprägt, spiegeln jedoch ein im Grunde auf archaische Vorstellungen von kultureller Differenz zurückgehendes, dualistisches Wissenschaftsparadigma. Wie archaisch diese Vorstellungen zum Teil sind, mag daran ermessen werden, dass sich Sarrazin 2010 nicht entblödete, bei seinen fremdenfeindlichen Tiraden mit der Propagierung vermeintlich »wissenschaftlich gesicherter« antagonistischer Dichotomien auch auf biologistische Modelle zurückzugreifen.

Demgegenüber haben internationale akademische Diskurse der letzten drei, vier Jahrzehnte eine deutliche Hinwendung zu komplexeren und dialogischeren Erklärungsmustern vollzogen. Es kommt nicht von Ungefähr, dass auch und gerade in denjenigen Bereichen der Theologie, die mit Kultur- (und Religions-) Begegnung und mit Missionsgeschichte befasst sind, eine entsprechende Umorientierung sich zuerst Bahn gebrochen hat. Sowohl die Akteure »vor Ort« als auch die Protagonisten neuer theologischer Entwürfe an den akademischen Institutionen im europäischen Kontext waren daran beteiligt – in unterschiedlicher, je spezifischer Weise, aber doch oftmals in eine ähnliche Stoßrichtung denkend. Dabei mag häufig auch der gemeinsame Glaube, das kirchliche Engagement, die

Verbindlichkeit des christlich fundamentierten Einsatzes für Gerechtigkeit in der Praxis eine wichtige Rolle gespielt haben. Und doch zeichnen sich in der gegenwärtigen Debatte durchaus Divergenzen ab, wenn es um die Frage der Reflexion von Entwicklungen geht, die für einen Teil der Interkulturellen Theologinnen und Theologen dann in einem Referenzrahmen bestimmt werden, der durch postkoloniale und poststrukturalistische Diskurse geprägt ist – und für einen anderen Teil eben nicht. Wenn ich es recht sehe, verläuft die Trennung also weniger in der Positionierung gegenüber einzelnen Sachverhalten, sondern eher im Grundsätzlichen der wissenschaftstheoretischen Verortung Interkultureller Theologie – der Interpretation und Deutung der fachgeschichtlichen Entwicklungen und der künftigen Orientierung.

Dabei ist gegenwärtig noch nicht abzusehen, in welche Richtung sich die Debatte weiter entfalten wird und welche neuen Paradigmen am Ende der erst beginnenden Diskussion um das Selbstverständnis Interkultureller Theologie im Vordergrund stehen werden. Bereits einige wenige Stichworte machen den Einfluss der *Postcolonial Studies* und anderer wissenschaftstheoretischer Neuorientierungen deutlich: Was ist Kultur? – eine diskursiv ausgehandelte Größe, in sich und bereits a priori durch Hybridität gekennzeichnet, durchzogen von Machtstrukturen. Es geht um (konstruierte) Identitätspositionierungen, um Fragen von Deutungsmacht und Handlungsmacht – *agency* –, um die Erfahrung des Kolonialismus und Fragen seiner Nachwirkung, um ineinander verwobene Geschichte – genauer: ineinander verwobene Geschichten (im Plural – *entangled histories*), – um die Interaktion zwischen verschiedenen Modernitäten – ebenfalls im Plural und beispielsweise als *fluid modernities* konzeptualisiert, um Transkulturation, um die Konstruktion von Alteritäten (in jeweiligem – und wechselseitigem – Bezug) etc.

Dabei sind und bleiben auch Aporien erkennbar, die allerdings gar nicht so neu sind, so z.B.: Wie verhalten sich Partikularität und Universalität (in wechselseitiger Bemühung um die Anerkennung der Berechtigung des Kontextuellen, das zugleich über das Kontextuelle hinaus aufs Ganze zielt)? – oder anders ausgedrückt: Kann das andere Eigene seinen Anspruch durchsetzen, als Allgemeines anerkannt zu werden? Aporien über Aporien, die auch und gerade dort sichtbar werden, wo vermieden werden soll, sich für eine Alternative zwischen unterschiedlichen Extremen zu entscheiden – wie etwa zwischen dem Geltungsanspruch auf Kontextualität *oder* Universalität.

Eine weitere Aporie betrifft die Beziehung von akademischen Diskursen und den diskursiv konstruierten Größen »vor Ort«. Diejenigen, die hier »Interkulturelle Theologie als Beruf« betreiben, sind eben aller Unbill zum Trotz hochgradig positionell – sie (oder sollte ich ehrlicherweise eher sagen: wir?) – sympathisieren nun mal eher mit jenen Positionen und Diskursen, die emanzipativ oder emanzipierend, fortschrittlich oder befreiend scheinen. Dabei stößt unsere Konstruktion von emanzipativ, fortschrittlich oder befreiend doch oftmals und wiederholt auf schmerzhafte Weise mit ganz anderen Konstruktionen zusammen, die mit denselben Begriffen konnotiert sind: Meinen wir die Befreiung von sozialer Ungleichheit, politischer Unterdrückung und ökonomischer Ausbeutung – so stoßen wir auf ein Verständnis, das die Befreiung von Dämonen und bösen Geistern, von der bedrängenden Macht der Ahnen oder den spirituellen Kräften »jener« Welt prioritär setzt. Solche Irritationen werden an den unterschiedlichsten Themen virulent. Das vielfach beschworene Gemeinschaftsideal, das angeblich dem afrikanischen Menschenbild zugrunde liegt, erweist sich bei genauerem Besehen dann doch als im kolonialen Kontext europäisch induzierte (wenngleich in einem interkulturellen *Joint Venture* von europäischen und indigenen Akteuren ko-produzierte) Konstruktion; und vielleicht – und das sage ich ganz bewusst selbstkritisch an meinen eigene Adresse gerichtet, mit Blick auf meine Forschungsinteressen – ist es mit der vielbeschworenen interreligiösen Harmonie auf der Grundlage des Wertes afrikanischer Gemeinschafts- und Zusammengehörigkeit gar nicht so weit her, wie wir manchmal meinen – auch hier wäre der vermeintliche Konsens der Harmonie des Dialogischen vielleicht noch einmal kritisch gegen den Strich zu lesen. Oder noch ein weiterer Aspekt: Lange haben wir afrikanische, asiatische, lateinamerikanische u.v.a. Theologien als kontextuelle Theologien konzeptualisiert – dabei aber, erstens, vergessen, dass dann auch unsere eigenen, europäischen Theologien radikal als kontextuelle verstanden werden müssten und, zweitens, dass die von uns als kontextuell apostrophierten Theologien sich selbst zumeist mitnichten als bloß kontextuelle begreifen – und insofern selbst Interkulturelle Theologie(n) sind... und so schließt sich auf noch lange nicht geklärte Weise der Kreis.

Damit sind diejenigen, die »Interkulturelle Theologie als Beruf« betreiben, auf sich selbst zurückverwiesen und müssen ihr Herkommen von neuem gegen den Strich lesen. Das den postkolonialen Theorien entnommene und in außertheologischen Wissenschaftsdiskursen geschärfte Instrumentarium kann dabei durchaus hilfreich sein. Wir können nämlich nicht mehr – und darin unterscheidet sich m. E. Interkulturelle Theologie paradigmatisch von herkömmlichen missionstheologischen Entwürfen – gewissermaßen zeitlos gedachte Grundbestände

aus den im Kontext europäischer geistesgeschichtlicher Entwicklung herausge-
bildeten Traditionen »hinüberretten« in eine Interkulturelle Theologie, als deren
einzig Wesenhaftes ihr Charakter des Postkolonialen zu bestimmen ist. Das bedeutet zudem, sich einzustellen auf das Aushalten von Widersprüchen in Aus-
handlungsprozessen, die dem Aufdecken verdeckter Machtstrukturen dienen,
aber selbst macht- und deutungsmachtdurchzogen sind, und die nicht auf Eindeutigkeit ausgelegt werden, sondern Vielfalt generieren.

Zusammenpacken, ohne einzupacken: Optionen und Perspektiven

Wie ist nun das hier skizzenhaft über die Neuorientierung von Diskursen und
Konzepten Angedeutete zu beziehen auf und einzuziehen in das mit dem Titel
dieses Vortrags umrissene Thema der »Interkulturellen Theologie als Beruf« –
*Die Gabe der Verantwortung: »Christliche Präsenz« zwischen Hören und Ge-
stalten*?

Ich will den Versuch wagen, eine kurze Antwort zu geben und beginne von
hinten:

Der *politisch* dimensionierte Begriff des *Gestaltens* verweist auf die Größe
der Macht, die es aufzudecken gilt, ohne sie bloß trickreich zu eskamotieren oder
eiskalt zu exekutieren. Dazu gehört die Einsicht, dass wir es mit der Realität von
Machtbeziehungen zu tun haben und diese in der aktiven Anstrengung des Begriffs freigelegt, analysiert und verändert werden können – und müssen.

Der *theologisch* konnotierte Begriff des *Hörens* stellt insofern einen korres-
pondierenden Gegenpol dar, als er horizontal das Bemühen um das Zur-Geltung-
Kommen des Anderen, vertikal das Bemühen um das Zur-Geltung-Kommen des
ganz Anderen beschreibt – und hier wird dann, wenn wir so wollen, der Bezug
auf das Selbstverständnis als »Gemeinschaft der Gläubigen« und auf das gemeinsam Geglaubte thematisch.

Beides verschränkt sich im Modus *christlicher Präsenz*. Wie eingangs angedeutet, beziehe ich mich dabei auf ein ganz konkretes programmatisches Konzept. In diesem ging es darum, die Realisierung christlicher (Lebens-)Entwürfe
im Kontext prekärer Machtverhältnisse unter den Bedingungen einer Minderhei-
tensituation zu konzeptualisieren, in der sich unauflösbare Aporien auftun.
»Muslime christlichen Bekenntnisses« lautete eine der Formeln, die dieses Vor-

haben beispielhaft auf den Begriff zu bringen versuchten. Mit »christlicher Präsenz« beziehe ich mich jedoch zugleich auf die verbindliche Praxis, aus und in der »Interkulturelle Theologie als Beruf« ihre Erdung sowie ihren Bezug auf und die Legitimation für ihr Privileg bezieht, über diese Praxis – oder auch: dieser Praxis – nach-denken zu dürfen.

Der Begriff der *Verantwortung* ruft das ethische Moment auf, das – wie ebenfalls bereits eingangs betont – tief in normativen Dimensionen verankert ist, aber zugleich nach vernunftgeleiteten Begründungen verlangt. Das hat Konsequenzen, denn dieses Verständnis von Verantwortung schließt direkt an die Aufgabe der diskursiven Aufdeckung von Machtverhältnissen und Machtbeziehungen an und lässt sich von daher nicht auf die Dimension des Verantwortungsethischen reduzieren, sondern geht tiefer. Illustriert an einem aktuellen Beispiel bedeutet dies, dass das als »bloß gesinnungsethisch« denunzierte und dann als Ausdruck von »Gutmenschentum« polemisch verächtlich gemachte Engagement für schutzsuchende Geflüchtete nicht als ethischer Modus zu begreifen ist, der dem Modus einer dem Pragmatischen verschriebenen Verantwortungsethik entgegenläuft, sondern dass das Gesinnungsethische in der Verantwortung seine gleichermaßen normative und vernunftgeleitete Vertiefung erhält.

Die *Gabe* schließlich, das, was Theo Ahrens über viele Jahre hinweg so sehr in seinen Bann gezogen hat, dass es gewissermaßen zu einer Art Metazentrum seines Oeuvres geworden ist, die Gabe, die hier mit der Verantwortung als »Gabe der Verantwortung« zusammenzulesen ist – diese Gabe verweist auf den Vorschuss des Gegebenen auch und gerade in der Verantwortung, die zugleich Verpflichtung ist, deren Einlösung jedoch nicht Garantiertes hervorbringt. Ich kann es auch ganz banal sagen: Die Wahrnehmung der Verantwortung, für das Reich Gottes einzustehen, wird es nicht herbeiführen können. Dessen gewärtig zu sein, beschreibt die Gabe der Verantwortung.

Zum Abschluss

Ich weiß nun nicht, was Theo Ahrens zu meinen Ausführungen hier gesagt hätte. Vieles hätte er wohl nicht goutiert, anderes zwar interessiert zur Kenntnis genommen, aber nicht weiter verfolgt. So hätte er etwa die Kritik an einem essentialistischen Kultur- und Religionsverständnis mitgetragen, die damit einhergehende und weitergehende Kritik an essentialisierenden Anthropologie-Entwürfen allerdings skeptisch gesehen. Theo Ahrens wäre wohl auch pragmatischer an die Bearbeitung der mit den Veränderungen im Diskursfeld Interkultureller Theologie aufgebrochenen Fragen herangegangen und hätte angemahnt, diese Fragen zu konkretisieren: Was heißt das beispielsweise für das Gespräch mit afrikanischen Kirchen, deren Kirchenführer plötzlich die Frage der Einstellung zur Homosexualität zum *status confessionis* erheben? Welche Konsequenzen ergeben sich für die Beziehungen zu und den Umgang mit Angehörigen der sog. »Migrationskirchen« – die sich als alles Mögliche verstehen, zumeist aber gerade *nicht* als Angehörige von *Migrations*kirchen? Welche Implikationen hat das für Debatten über feministische Theologie und *gender*-Gerechtigkeit zwischen Kontextualität und Universalität oder für Diskussionen über ganz manifeste Erfahrungen des Geistesempfangs oder der bedrängenden Realität von Dämonen, Geistern und satanischen Mächten?

Am Beispiel einer ganz anderen Thematik, der Korruption, oder genauer: des Anti-Korruptionsdiskurses in den evangelischen Missionswerken hat sich Theo Ahrens diesen schwierigen Fragen auf praktischer Ebene – und insbesondere auch unter Bezugnahme auf empirisches Datenmaterial – gestellt. Ich sehe nicht unbedingt, dass er zu einem eindeutigen abschließenden Ergebnis gekommen ist – aber dadurch hat er sich auch einer Vereindeutigung der Debatte verweigert. Eine solche Vereindeutigung hätte nämlich unabwendbar den Abbruch des kritischen Diskurses bedeutet – und damit auch das Ende des Bemühens um die Sichtbarmachung verschleierter Machtstrukturen und ihrer destruktiven Implikationen.

Tatsächlich bin ich zutiefst davon überzeugt, dass Theo Ahrens den Neuorientierungen der Interkulturellen Theologie näher gestanden war, als auf den ersten Blick erkennbar wird. Seine norddeutsche Knorrigkeit, die manche irritiert – mich als Süddeutschen jedoch gerade als Ausdruck disziplinierter Nüchternheit und unbeirrbarer Ehrlichkeit beeindruckt hat, sein Konservativismus – und das meine ich im besten Sinne des Wortes, ja, auch seine bisweilen zu Tage tretende Rigorosität, wenn eine eindeutige Positionierung, gar eine Parteinahme notwendig schien... all das waren unabdingbare Voraussetzungen dafür, dass er sich Neuansätzen auch dann öffnen konnte, wenn sie nicht unbedingt seiner Meinung entsprachen, er in ihnen jedoch offensichtlich konstruktive Aspekte wahrnehmen und anerkennen konnte. Das war beispielsweise auch im Rahmen der Debatten um Interkulturelle Theologie der Fall, in die er sich aktiv und produktiv eingebracht hat.

Mit Blick auf die Transformationsprozesse, wie sie in der Neuausrichtung

Interkultureller Theologie zu verzeichnen sind, wie auch im Anschluss an die hier vorgetragenen skizzenhaften Überlegungen ist meines Erachtens nochmals zur Kenntnis zu nehmen und zu würdigen, was sich konzeptionell hinter einigen der Publikationen von Theo Ahrens verbirgt: »Vom Charme der Gabe« (2008) etwa ist untertitelt mit »Theologie interkulturell«. Theo hatte sicherlich eine gewisse Skepsis gegenüber der Entwicklung, dass im Rahmen wissenschaftssystematischer und institutionenpolitischer, aber durchaus auch wissenschaftstheoretischer und theologisch fundierter Diskurse der letzten Jahre und Jahrzehnte die Nomenklatur der »Missionswissenschaft« mehr und mehr in den Hintergrund gedrängt wurde. Dennoch schrieb er keine »Missionstheologie«, wie so manche seiner Kollegen, sondern eine »Theologie interkulturell«. Damit war er nicht nur auf der Höhe des akademischen Diskurses – die Arbeit an dem Band hatte er in etwa zu der Zeit abgeschlossen, als das Positionspapier der Deutschen Gesellschaft für Missionswissenschaft und der Deutschen Gesellschaft für Wissenschaftliche Theologie zu »Missionswissenschaft als Interkulturelle Theologie und ihr Verhältnis zur Religionswissenschaft« veröffentlicht wurde –, mehr noch, er war dem akademischen Diskurs auch in der Hinsicht voraus, dass er nicht von »Interkultureller Theologie« sprach, sondern »Theologie« mit der appositionellen anstatt der adjektivischen Bestimmung des Begriffs »interkulturell« spezifizierte und in der Bezugnahme auf die Gabe nochmals theologisch grundierte und vertiefte.

Beides hatte sich allerdings schon länger abgezeichnet – indem er keine »Missionswissenschaft« veröffentlichte, sondern sich in teils filigranen, teils grundlegenden Studien der »Mission nachdenken« ließ (2002), und »Gegebenheiten« (2005) in ihrem theologisch–anthropologischen Kreuzweg thematisierte: als Kreuzung, wo das, auf was wir an vorfindlichen »Umständen« stoßen, mit dem zusammentrifft, was unverfügbar »von Gott« gegeben ist – wobei nur Letzteres theologisch als »Mission« zu qualifizieren wäre.

Interkulturelle Theologie als Beruf ist in dieses komplexe Beziehungsgefüge eingebunden – als diskursive Praxis, die auf neue Weise und radikaler als zuvor die (religions)geschichtlichen und theologischen Umbrüche beschreibt und analysiert, an denen sie selbst teilhat, und die sie selbst mitgestaltet.

Wie gesagt, ich weiß nicht, was Theo Ahrens zu meinen Ausführungen gesagt hätte. Ich hoffe jedoch sehr, dass seine Stimme ein bisschen mit angeklungen ist. Und ich wünsche uns allen, dass wir uns bei unserer Arbeit vom Geist seines Oeuvres ein bisschen inspirieren lassen.

Religion und Entwicklung

Andreas Heuser

Der Themenkomplex »Religion und Entwicklung« ist in wenigen Jahren nicht nur salonfähig in interdisziplinären Zugängen in der Entwicklungspolitik geworden, sondern hat gerade in hiesigen Debatten einen nahezu privilegierten Ort um praktische Neuansätze in der wirtschaftlichen Zusammenarbeit erobert. Beide Perspektiven, die akademische Erörterung von Entwicklungsbegriffen in verschiedenen Religionen wie deren Praxisrelevanz , standen im Mittelpunkt einer internationalen Konferenz, die vom 9. bis 11. November 2016 an der Theologischen Fakultät der Universität Basel durchgeführt wurde: *»Does Religion make a difference? Discourses and Activities of Religious NGOs in Development«.* Die Organisatoren der Konferenz, die in den theologischen Fachbereichen »Aussereuropäisches Christentum« (Andreas Heuser und Claudia Hoffmann) und dem »Zentrum für Religion, Wirtschaft und Politik« (Jens Köhrsen) angesiedelt sind, hatten Sozial- und Kulturwissenschaftler, Religionssoziologen wie Theologen dazu eingeladen, zu Partikularitäten religiöser Nichtregierungsorganisationen (NRO, oder *faith-based organisations*) in der entwicklungspolitischen Geopolitik Stellung zu beziehen. Inwiefern, falls überhaupt, unterscheiden sich die entwicklungsbezogenen Ansätze von religiösen und säkularen NRO? Wie lassen sich Differenzen im Verständnis von »Entwicklung« beschreiben, und unter welchen Kriterien werden Projekte ausgewählt, profiliert und implementiert? Solchen Fragen nach Vor- und Nachteilen religiöser NRO ging die Konferenz in empirischen Fallstudien zu religiösen NRO nach. Sie stellte die Diversität religiöser Zugänge zu »Entwicklung« heraus, indem NRO unterschiedlicher religiöser Verankerung wie geographischer Herkunft und Arbeitsgebiete untersucht wurden.

Der Beginn der Konferenz war leicht überschattet von den soeben veröffentlichten Ergebnissen der US-Präsidentschaftswahlen: markierte der Fall der Berliner Mauer am 9. November 1989 eine neue geopolitische Ära, so wurde mit dem neu gewählten US-Präsidenten die Vision der Errichtung von Mauern zwischen Nationalstaaten, Kontinenten und Völkern wieder hoffähig in der internationalen Politik. Zugleich war noch nicht absehbar, wie sich die nur skizzenhaft vermittelte Trump'sche Politrhetorik (wie etwa dessen Verneinung eines Klimawandels) auf Schlüsselfelder der ein Jahr zuvor verabschiedeten »Agenda 2030«, die nachhaltige Entwicklungsziele der Vereinten Nationen bis zum Jahr 2030 definiert, auswirken würde. Damit ist die Schnittstelle benannt, an der sich die Basler Konferenz abspielte: Das Themenspektrum bewegte sich in der Transitionsphase der *Millennium Development Goals* (MDG) der Vereinten Nationen, die zwischen 2000 und 2015 das ambitionierte Ziel der Halbierung von Armut weltweit avisierte, zu den *Sustainable Development Goals* (SDG), implementiert im September 2015. Dieser Übergang gewichtet den Beitrag, den religiöse Akteure zur Implementierung nachhaltiger Entwicklungsziele leisten können, mit grösserer Dringlichkeit – auch als Träger alternativer Entwicklungsbegriffe.

Dieser im Zuge der SDG gewonnene Relevanzzuspruch an religiöse Entwicklungsethik liegt einem Forschungskolleg zu Grunde, in dessen Zusammenhang die multidisziplinär besetzte Konferenz steht. Seit 2015 widmet sich eine Gruppe unter der Leitung von Andreas Heuser und Jens Köhrsen dem Zusammenhang von »*Religion and Development in the Global South*«. Träger dieses Forschungskollegs ist das »Zentrum für Religion, Wirtschaft und Politik« (ZRWP), das von mehreren schweizerischen Universitäten und Forschungsinstituten organisiert wird. Das Forschungskolleg, das sich derzeit in der Schlussphase befindet, setzt seinen Fokus auf *Faith-Based Organisations*. Dabei werden in Fallstudien dynamische Wandlungsprozesse bei einzelnen der untersuchten Organisationen wie z.B. der in historischer Langzeitperspektive bedeutsamen *Mission21 / Basler Mission*, dem Ressourcengiganten *World Vision*, der weltweiten, evangelikalen *Micha-Initiative* (*Micah Challenge*) oder der wenig bekannten Entwicklungspraxis der *Siebenten-Tags-Adventisten* beleuchtet. Mithin liegt der Schwerpunkt des Forschungskollegs, deren Mitglieder den Kern auch dieser Konferenz bildeten, auf Institutionen in einem breiten christlichen Spektrum der Entwicklungsarbeit. Die Konferenz erweiterte die religiöse Bandbreite und erfasste Netzwerke islamischer NRO am Horn von Afrika (Maike Kaag, Leiden) oder Initiativen des sozial-engagierten Buddhismus (Ulrich Dehn, Hamburg). Hinduistische Reformansätze in Indien wurden vergleichbar mit denen unter der karibischen Hindu-Diaspora (Sinah Kloss, Köln). Die pentekostale, auf urbane Milieus zugeschnittene Sozialpraxis in Uganda (Barbara Bompani, Edinburgh) konnte mit der im ländlichen Raum verwurzelten *agency* von Afrikanischen Unabhängigen Kirchen in Südafrika (Philip Öhlmann/Marie-Luise Frost, Berlin) kontrastiert werden. Gender-sensitive Bildungsinitiativen religiöser NRO in Indonesien (Claudia Hoffmann, Basel) kamen ebenso zu Wort wie Menschenrechtsarbeit in homophoben afrikanischen Kontexten oder Friedens- und Versöhnungsengagement in der Post-Genozid-Ära in Ruanda (Richard Friedli, Fribourg; Christine Schliesser, Zürich). Des Weiteren analysierten Beiträge die entwicklungspolitische Lobbyarbeit von NRO in evangelikaler Trägerschaft (Dena Freeman, London) oder auch die ökologische Entwicklungspraxis von religiösen NRO (Imme Scholz, Bonn). Diese Einzelstudien wurden ergänzt durch Binnenperspektiven in multilaterale Organisationen wie den Vereinten Nationen und der Weltbank. Katherine Marshall (Washington D.C.), Mastermind bei der Errichtung des »World Faiths Development Dialogue« (WFDD) der Weltbank um die Jahrtausendwende und dessen ehemalige Leiterin, hielt eine *keynote lecture*, in der sie die langwierige »Entdeckung« von Religion in internationalen entwicklungspolitischen Zusammenhängen thematisierte. Ihrem narrativen, autobiographisch gefüllten Vortrag korrespondierten Diskursanalysen, die den Zusammenhang von Religion und Entwicklung auf Ebene der Vereinten Nationen behandelten (Jeffrey Haynes, London) oder die die Auswirkungen von »schwindenden Spielräumen« für zivilgesellschaftliche Akteure auf religiöse NRO beleuchteten (Julia Leininger, Bonn). Jeder Einzelvortrag wurde von ExpertInnen der Universität Basel, auch diese disziplinär breit aufgestellt, kommentiert und für die anschliessenden Diskussionsrunden vorbereitet. Die an dieser Stelle nur summarisch aufgezählten Beiträge und Themen werden derzeit – erweitert um Einzelstudien wie etwa zu *jüdischen* NRO in Ostafrika, *lutherischen Fraueninitiativen* auf Java und zur westafrikanischen *Ahmadiyya* - zur Publikation bearbeitet.

Ein öffentliches Abendpodium mit profilierten Politikberatern, Repräsentanten von entwicklungspolitischen Forschungsinstituten wie von schweizerischen und deutschen Faith-Based Organisations stellte sich aktuellen Kontroversen um Religion und Entwicklung. Mit Konrad Specker (Abteilungsleiter in der Direktion für Entwicklungszusammenarbeit des Aussenministeriums der Schweiz), blickte die Diskussion auf eine wegweisende Initiative zurück, die vor allem zwischen 2005–2010 zur grundlegenden programmatischen Aufarbeitung von Potentialen und Risiken von Religion in der staatlichen Entwicklungspolitik beitrug. Die resultierenden Fallstudien zu normativen, strategischen und operationalen Zugängen in der praktischen Entwicklungszusammenarbeit bereiteten den gegenwärtigen internationalen Diskurs und religionsbezogene Entwicklungspolitik vor. Als Vertreter von Mission 21 (Basel) stellte Jochen Kirsch (Leiter Internationale Beziehungen) die historischen Kontinuitäten und Übergänge einer Institution vor, die derzeit in 20 Ländern des »globalen Südens« mit rund 70 ökumenischen Partnern operiert. Die Vielfalt der Zusammenarbeit umfasst Projekte zur Reduktion von Armut, Bildungs- und Gesundheitsprogramme, wie Friedensförderung und Genderinitiativen, die allesamt den Nachhaltigkeitsaspekt der SDG integrieren. Mit Dietrich Werner, theologischer Grundsatzreferent von Brot für die Welt-Evangelischer Entwicklungsdienst (Berlin), konnte die starke Lobby- und Öffentlichkeitsarbeit eines Schwergewichts in der europäischen Szene kirchlich-basierter Entwicklungsarbeit beleuchtet werden. Zugleich stellte sich die offene und kontroverse Frage nach einer zu konzipierenden »Theologie der Entwicklung«. Die forschungspolitischen Konjunkturen der Integration von Religion in staatliche Entwicklungszusammenarbeit kamen zur Sprache mit Imme Scholz, Vizedirektorin des Deutschen Instituts für Entwicklungspolitik (DIE, Bonn). Das DIE beansprucht, zu den weltweit führenden *think-tanks* auf dem Gebiet der Entwicklungspolitik zu gehören. Die Akzeptanz der Grundlagenforschung ist abhängig vom jeweils vorliegenden grösseren politischen Rahmen, muss also mit Kontinuitätsabbrüchen rechnen. Zudem belegen geopolitische Kontroversthemen um Fundamentalismus, Terror, Korruption etc. die Ambiguität von Religion und bestimmen auch die Relevanz religionsbezogener staatlicher Entwicklungspolitik mit.

Im Resümee der Debatte zeichnen sich religiöse NRO durch eine in langfristiger Zusammenarbeit erprobte Auswahl ihrer Partner in der Entwicklungszusammenarbeit aus, legen hohen Wert auf finanzielle Transparenz und zeigen eine verlässlich hohe Motivation, die aus normativen Grundlagen gespeist ist. Die auf diesem Podium vertretenen christlich geprägten NRO bilden mit Werten wie Nächstenliebe, Menschenrechts- und Ökologieorientierung oder Toleranz ein breites Angebot an Kooperationsmöglichkeiten mit staatlicher Entwicklungspolitik wie mit nicht-religiösen NRO. Insofern ist die zögerliche Entdeckung von Religion in der Entwicklungspolitik erstaunlich. Traten zu deren Beginn in den 1960er Jahren kirchliche Institutionen häufig noch als Initiativfaktoren auf, war Religion in entwicklungspolitischen Diskursen spätestens seit den 1980er Jahren als Hemmfaktor für sozialen Wandel im globalen Süden ausgemacht. Erst in jüngerer Zeit wird das wertebasierte Potenzial von Religion und religiösen NRO in der Entwicklungszusammenarbeit – trotz ihrer Ambivalenz – anerkannt. Was letztlich in der staatlichen Enzwicklungszusammenarbeit zählt ist die Qualität der jeweiligen Projekte. Dem Qualitätskriterium und damit verbundenen Evaluierungsprozessen unterliegen nicht allein religiöse, sondern eben auch säkulare NRO.

Konferenzverlauf wie Podiumsdebatte brachten die neue entwicklungspolitische Wertschätzung von Religion zum Ausdruck. Diese ist, wie Heuser bereits in seinem Einführungsreferat zur Konferenz darlegte, gar gesteigert im Zuge der geopolitisch forcierten Nachhaltigkeitsziele der Agenda 2030. Insofern geht es nicht mehr darum, die lange vorherrschende, ermüdend-allgemeine *Frage* nach dem Zusammenhang von Religion und Entwicklung zu perpetuieren; vielmehr geht es darum, das qualitative, partizipatorische und wertebasierte Potential religiöser Organisationen in der Entwicklungszusammenarbeit systematisch zu fördern.

7. Europäische Konferenz für Afrikastudien / ECAS : *Urban Africa – Urban Africans*

Urban Africa – Urban Africans: New encounters of the rural and the urban. Unter diesem Thema fand vom 29. Juni bis zum 1. Juli in Basel die 7. Europäische Konferenz für Afrikastudien statt, die alle zwei Jahre von der *Africa-Europe Group for Interdisciplinary Studies* (AEGIS) ausgerichtet wird. Letztere ist ein Verbund von 28 Europäischen Zentren der Afrikaforschung und einigen assoziierten Institutionen auf anderen Kontinenten. Rund 1 500 Forschende, hauptsächlich aus Europa, Afrika und Nordamerika, trafen sich in – trotz der Grösse der Veranstaltung – familiärer Atmosphäre in der Stadt am Rheinknie. 204 Panels boten 1046 Personen die Möglichkeit ihre aktuellen Forschungsprojekte zu präsentieren und zu diskutieren. Die vier Hauptvorträge von Prof. Dr. Elísio Macamo (Basel), Prof. Dr. Mirjam de Bruijn (Leiden), Dr. Joyce Nyairo (Kenia) und Prof. Dr. Edgar Pieterse (Kapstadt) widmeten sich verschiedenen Facetten des Konferenzthemas und lieferten nachhaltigen Diskussionsstoff.[1] Daneben fanden verschiedene *Round Table Discussions* sowie Buch- und Filmpräsentationen statt. Ein reichhaltiges Kunst- und Kulturprogramm sorgte für Abwechslung im Konferenzbetrieb und vermittelte die Themen der Tagung an eine breitere Öffentlichkeit: von südafrikanischem Jazz, über Fotoausstellungen, Performances und Kunstausstellungen, die an verschiedenen Orten in der Stadt stattfanden.

Basel bietet ein ideales Umfeld für eine derartige Tagung: Verschiedene Institutionen pflegen seit langer Zeit Beziehungen zu und den Austausch mit afrikanischen Partnern, unter anderem die Basler Mission (jetzt Mission 21), das Schweizerische Tropen- und Public Health Institut, das Museum der Kulturen mit seinen reichhaltigen Sammlungen oder die Basler Afrika Bibliographien, eine der bedeutendsten Bibliotheken, bzw. Archive zum südlichen Afrika ausserhalb des Kontinents. All diese Institutionen sind assoziierte Mitglieder des *Zentrums für Afrika-*

---

[1] Die Hauptvorträge sind auf dem Youtube-Kanal des Zentrums für Afrikastudien Basel verfügbar.

studien an der Universität Basel, das zusammen mit der *Schweizerischen Gesellschaft für Afrikastudien* gastgebende Institution der Konferenz war.

Das *Zentrum für Afrikastudien* (ZASB) verbindet und koordiniert die afrikabezogene Lehre und Forschung innerhalb der Universität Basel und an den oben genannten Institutionen. Die Geschäftsstelle sowie je eine Professur für Afrikastudien im Fachbereich Soziologie bzw. zur Geschichte Afrikas sowie verschiedene Forschungsstellen bilden das Herz des Zentrums. Auch die Theologische Fakultät Basel ist Teil des Netzwerkes und bietet über die Professur »Aussereuropäisches Christentum« regelmässig Lehrveranstaltungen an, die auch von Studierenden des Masterstudiengangs African Studies des ZASB besucht werden. Diese Professur ist zudem eingebunden in das ZASB-Doktoratsprogramm sowie den Nachdiplomstudiengang »CAS in African Affairs and Intercultural Competence«.

Angesichts der Grösse der diesjährigen Konferenz und der grossen Bedeutung von Religion auf dem Kontinent überraschte das vergleichsweise bescheidene Angebot an religionsbezogenen Panels. Dem Organisationskomitee lagen im Vorfeld der Konferenz gerade einmal fünf Vorschläge für Panels zu Religionsthemen zur Begutachtung vor. Davon wurden drei grössere Panels ausgewählt, um Urbanität als Rahmen religiöser Austauschprozesse zu thematisieren. Zudem fanden sich einzelne explizit religionsbezogene Beiträge in weiteren Panels. Interessensschwerpunkte lagen beim Verständnis interreligiöser Dynamiken in urbanen Gegenwartskontexten, aber auch bei der wichtigen Bedeutung urbaner Räume als Sicherheitszonen für religiöse Minderheiten oder als migratorische Transiträume. Hauptsächlich kamen die verschiedenen Formen afrikanischen Islams und Christentums in den Blick sowie deren vielfältige Interaktionsformen. Angesichts des Gesamtfokus der Konferenz auf afrikanische Urbanität mag es kaum verwundern, dass die afrikanische Pfingstbewegung in ihren unterschiedlichen Spielarten thematisch vielfältig präsent war, gilt diese doch gemeinhin als urbanes Phänomen. Pfingstkirchen setzen eine Dynamik in Gang, die urbane und transnationale Öffentlichkeiten miteinander verweben, aber auch zunehmend rurale Kontexte mit in theologische Diskurse einbeziehen. Das urbane Umfeld fördert die hohe pentekostale Mobilität, die selbst in der Forderung, mit der Vergangenheit zu brechen, neue soziale Bindungen ermöglicht. Diese Dynamik, Menschen in starke soziale Netzwerke einzubinden, bewirkt nicht zuletzt auch muslimische Konversionen im pfingstkirchlich-urbanen Umfeld. Auch wenn die Pfingstbewegung eine bevorzugte Stellung in der derzeitigen Forschung einnimmt, bleibt bemerkenswert, dass Afrikanische Unabhängige Kirchen nach wie vor als attraktiver Gegenstand interdisziplinärer Afrikaforschung gelten. Das Interesse bezieht sich insbesondere auf ihre Fähigkeit, ländliche und städtische Räume miteinander zu vernetzen oder die sozialen Herausforderungen in südafrikanischen Townships in der post-Apartheid-Ära zu bewältigen. Mit anderen Worten, ihre sozialen Kompetenzen decken sich weitgehend mit jener der Pfingstbewegung. Insofern sind für künftige Forschung in diesem Bereich schärfere Konturierungen angezeigt.

Diese wenigen Schlaglichter auf einzelne Foren und Debatten geben Anlass, bei künftigen ECAS-Konferenzen stärkere Impulse auch aus der an Tradition reichen deutschsprachigen religionsbezogenen Afrikaforschung zu erwarten, zumal sich im Jahr 2017 zeitgleich, aber unabhängig voneinander in der Theologie wie in der Religionswissenschaft Netzwerke von Afrikaforschenden formiert haben.[2] Es bestehen somit gute Voraussetzungen, sich im Rahmen der Afrikawissenschaften stärker zu positionieren – etwa im Hinblick auf die nächste ECAS-Konferenz in Edinburgh 2019. In Seitengesprächen während der Basler ECAS-Konferenz wurden bereits Möglichkeiten erwogen, wie dort die Diskussion zu Religion in Afrika explizit gestärkt werden könnte. Damit wird der Ball auch der geneigten Leserschaft der ZMiss zugespielt.

Katrin Kusmierz und Andreas Heuser (Basel)

---

[2] Es handelt sich zum einen um den »Arbeitskreis Afrika« im Rahmen der Deutschen Vereinigung für Religionswissenschaft (Gründungstreffen im Januar 2017 in Bayreuth); zum anderen handelt es sich um das Netzwerk »Theologie(n) Afrika«, dessen Gründungskonferenz im März 2017 in Erlangen stattgefunden hat.

Andreas Heuser (ed.), **Pastures of Plenty: Tracing Religio-Scapes of Prosperity Gospel in Africa and Beyond**, Frankfurt am Main: Peter Lang, 2015, 383 pp., EUR 65,40.

This book is a compendium of contributions of 22 authors. It is divided into five parts while the authors' works manifest in a multi-disciplinary collection of case studies on the phenomenon of the Pentecostal Movement and Prosperity Gospel in general and in Africa in particular. The editor, Andreas Heuser, begins with »Religio-Scapes of Prosperity Gospel: an Introduction«. He sees religion as a phenomenon and an instrument of pacification in a precarious social, political and economic context. He opines that Prosperity Gospel came as a result of human relief in the post-war climate of the 1950s through theological scenarios by the Faith Gospel Movement. On the other hand, Heuser traces the origin of Prosperity Gospel to theologically, sociologically, and historically diverse settings of Prosperity Gospel in Africa, America and beyond.

Three authors open the discussion in the first part of this book. In »Mapping Prosperity in Politics and Society«, Rainer Tetzlaff elucidates the political architecture of poverty in Africa. He argues that the main cause of Prosperity Gospel in Africa cannot be detached from politics. In a comparative analysis on African and South American Pentecostalism, Jens Köhrsen makes it clear that Pentecostalism has in many ways developed and empowered South Americans and Africans in their Prosperity Gospel messages. It is evident that Köhrsen's comparative reading on African and South American strategies of the Pentecostal movement can identify different forms and the factors that cause these differences. In his comparative analysis of Prosperity Theology and Holiness Theology, Giovanni Maltese observes that core aspects of Prosperity and Holiness Theology, often seen antithetical in Pentecostal Studies, are fused in the Philippine Pentecostal movement.

In the second part of this book, titled »Embattled Theology of Prosperity«, Paul Gifford presents the most critical arguments against Pentecostal Prosperity Theology. He gives a thorough reading on Bishop Oyedepo and his ministry in Northern Nigeria as first Pentecostal Prosperity Gospel bishop in the midst of Muslims in this geographical area. From a hermeneutical perspective, Werner Kahl exegetically unveils the way Prosperity Gospel preachers use Biblical verses from the Old and the New Testament. He points out that the majority of Prosperity preachers cite Biblical references out of context in order to interpret their Prosperity messages. Rudolf von Sinner assesses critically the money-oriented beliefs and proclamations of the Pentecostal movement through Prosperity Gospel. He observes that the ecumenical debate in the context of the World Council of Churches frowns on Prosperity Theology that it considers a deviation from the Christian tradition. Michael Biehl discusses different emphases of the Prosperity messages – for instance, *refuse to die in poverty, name it and claim it, life in abundance* and *sow and reap* etc. –, putting them into the context of ecumenical debates on those confessions. He indicates a need for repositioning the formerly neglected themes and topics within the overall ecumenical movement.

The third part is labelled »Routing Religio-Scapes of Prosperity«. Here, the contributors expound the core argument of the book. This section transgresses the Pentecostal display of Prosperity concepts and depicts inter- and trans-religious dimensions of Prosperity thinking. All case studies substantiate the rise of Prosperity traditions also in diverse Islamic and traditional African religious traditions; they furthermore highlight Prosperity as a source of rumours and suspicion against other religious traditions in public media in Ghana and its environs. The contribution »Enchanted Protestant Ethic« redresses taxonomies of a magical worldview or occult economies; instead, it assesses constructive elements in Prosperity Gospel and Pentecostal techniques of the self that translate into the social sphere. Several authors conceptualize Pentecostal transformations of subjectivities in Weberian terms. Max Weber's seminal study on Calvinist ethic and the rise of industrial capitalism widens the explanatory scope.

The fourth part on »Sacred Economy of Exchange« handles tithing as a core ecclesial virtue attached to Prosperity teaching. On the side of believers, Pentecostal insistence on tithing causes rather uncritical attitudes of giving even beyond financial limits. The praxis of tithing depicts regular calls to give money to the church and to God and it carries an inherent promise to a believer to receive more in return. Several authors employ the explanatory power of Marcel Mauss' notion of gift exchange to approach the phenomenon of sacrificial tithing.

The fifth part is »Diasporic (Dis) Illusions«. Drea Fröchtling summarizes significant hermeneutical transformations of world-views by members of a typical Nigerian Prosperity Gospel church who migrated to urban South Africa. Their self-conscious positioning as migrants in South Africa drives them to relocate main themes in Nigerian Prosperity Gospel talk.

In conclusion, it is evident that Prosperity Gospel has been proliferated and established beyond measure in Africa and outside Africa. This manifests in transformative programmes, human development and empowerment in both spiritual and physical dimensions, as discussed in this book. To this end, the contributions of this book have shed more light on the Prosperity gospel and its challenges and development in Africa and beyond.

Babatunde Adedibu

Werner Kahl, **Vom Verweben des Eigenen mit dem Fremden.** Impulse zu einer transkulturellen Neuformierung des evangelischen Gemeindelebens (= Studien zur interkulturellen Theologie an der Missionsakademie 9), Hamburg 2016: Missionshilfe-Verlag, 176 S., EUR 16,60.

Das Buch, das durch ein ausführliches »Vorwort« eingeleitet wird (7–12), ist in vier Abschnitte gegliedert: 1. Drei biblisch-exegetische Beiträge (13–50); 2. Sechs ekklesiologische Aufsätze zur »Präsenz von Christengemeinden afrikanischer Herkunft in Deutschland« (51–102); 3. Praktisch-hermeneutische Erwägungen zur »interkulturellen Öffnung und transkulturellen Gestaltung von Kirche« (103–150); 4. Ein »Anhang« mit fünf »autobiographischen Erzählungen« (151–174).

Letztere zeigen noch einmal, wie das bekannte Diktum »Theologie ist Biographie« auch auf Kahl zutrifft. Bereits der Titel der Sammlung »Vom Verweben des Eigenen mit dem Fremden« beschreibt, wie mittels seines, Kahls *Eigenem*, das sich mit *Fremdem* verwebt, etwas Neues, Drittes entsteht – nun aber längst nicht nur in biographischer, sondern, wie er einschlägig darlegt, in transkultureller Hinsicht im Hinblick auf evangelisches Gemeindeleben zwischen Ghana und Hamburg, zwischen Afrika und Deutschland sowie zwischen dem globalen Süden und Europa – und wo immer man auch die Fäden dieses transkulturellen Gewebes verfolgen möchte. Allerdings hätten diese fünf »autobiographischen Erzählungen« besser am Anfang im Zusammenhang des Vorwortes platziert werden können, um Lesenden, die mit der Materie weniger vertraut sind, gerade über die biographisch-authentische Schiene einen leichteren Zugang zum Werk zu eröffnen.

Mit der Schlussbetrachtung »Interkulturelle Öffnung als dynamischer Annäherungs- und Transformationsprozess« fokussiert der Autor nochmals, worauf er hinauswill: Er möchte als »Brückenmensch« (vgl. 93) Begründungen liefern für die Formierung *inklusiver* christlicher Gemeinden in Deutschland, deren Mitglieder jenseits konfessioneller, nationaler oder ethnisch-kultureller Identitätsmuster sich miteinander verweben und zusammen wachsen.

Mit dieser Rezension möchte ich das von Kahl Dargelegte auch etwas »gegen den Strich bürsten«; ich kann nicht umhin, den interkulturell-theologischen, aber auch den praktisch-theologischen bzw. ekklesiologischen Optimismus Werner Kahls etwas zu relativieren – womit ich keineswegs sein Engagement und das anderer in Frage stellen oder gar dämpfen möchte. Es geht mir darum, das von ihm geknüpfte Gewebe durch kritische Rückfragen zu kontrastieren – dem Anliegen verpflichtet, um das es ihm geht: die transkulturelle Neuformierung des evangelischen Gemeindelebens.

Die Verbindung, die Kahl zwischen neutestamentlicher Exegese und Missionswissenschaft geschickt herstellt (vgl. 45–50 im Blick auf den Epheserbrief) und fruchtbar macht, scheint mir bei ihm auf einen zu idealtypisch dargestellten Einheitsbegriff hinauszulaufen – sei er auch durch ein so prominentes Statement wie das eines Karl Barth gestützt (10 und 102). Was ist mit dem erheblichen Konfliktpotential nationaler, ethnischer und konfessioneller Identitätsmarker? Was mit der Machtfrage? Diese Probleme scheinen mir in ihrer Bedeutsamkeit und Brisanz, die sie für die am Dialogprozess beteiligten Kirchen haben, ausgeblendet zu werden.

Ich frage: Gibt es nicht zu jedem Zeitpunkt der Christentumsgeschichte, wie »weltweit« sie sich auch immer zum jeweiligen historischen Querschnitt, den wir betrachten, darstellt, Aushandlungsprozesse, bei denen, zwischen eigener und fremder Tradition changierend, um das richtige »Glaubens-Bekenntnis« gerungen wird? Mögen diese im Blick auf die Differenzen zwischen Migrationskirchen und Landeskirchen besonders markant erscheinen, so sind sie keineswegs solitär. Zwischen Kulturen und Ethnien, im Gegenüber von unterdrückten Minderheiten und imperial organisierten Großmächten, beim Aufeinanderprallen unterschiedlicher sozialer Strategien – stets werden religiöse Identitäten in Frage gestellt oder als Triebkräfte eingesetzt und ausgenützt – bis hin zu ihrem Missbrauch, indem Religionsformationen inhaltlich verzerrt dargestellt und ihre Protagonisten verketzert werden.

Mit seinem Beitrag zur »Gestaltung transkultureller Gemeinden als soziologische(r) Realisierung von Evangelium« (97–102) kann Kahl auch keine echte Lösung liefern. Er bleibt in dem Stadium der Analyse. Das ist nicht ihm anzulasten. Inwieweit sich volkskirchliche Gemeinden durch die Begegnung mit internationalen Gemeinden wirklich verändern lassen, bleibt offen.

Fazit (vgl. dazu 43f): »Afrikanische Gemeinden« tun sich leichter, Deutsche zu integrieren, als umgekehrt: Entsprechen sie – gerade auch in ihrer vermeintlichen »Schwäche« (vgl. 2 Kor 12,9) – mehr dem Gemeindetyp, der in Apg und durch Paulus dar- und von Kahl herausgestellt wird? Solange die »existentielle Not« Landeskirchen in ihrer ekklesiologischen Existenz nicht zu transkultureller Öffnung zwingt, die Strukturen in Richtung Freiwilligenkirche zu ändern, wird sich (über die Vermietung von Gemeinderäumen und den Verkauf ganzer Kirchen hinaus) nichts Entscheidendes hinsichtlich der von Kahl angestrebten transkulturellen Inklusion tun. Herkunftsekklesiologie und pfingstlich-charismatische Theologie von Gemeinden, die sich von Afrika und anderen Gegenden des globalen Südens her begründen, sind zu verschieden von den westlichen Großkirchen, zumal, wenn letzteren eine neokoloniale Attitüde und ein zu wenig bibelbezogenes, bloß der Moderne angepasstes Selbstverständnis unterstellt wird – und erstere eine kulturalistisch-evangelikale, biblizistische Enzyklopädie nicht in Frage stellen lassen.

Moritz Fischer

Ulrich Laepple (Hg.), **Messianische Juden – eine Provokation** (= Neukirchener Theologie), Göttingen: Vandenhoeck & Ruprecht 2016, 159 Seiten, EUR 20,00.

Die Autoren des vorliegenden Sammelbandes sind ausnahmslos im christlich-jüdischen Dialog engagiert und davon überzeugt, dass auch das Gespräch mit den messianischen Juden geführt werden sollte. Waren es bis vor wenigen Jahren noch überwiegend evangelikale Kreise, die messianischen Juden Aufmerksamkeit schenkten, so interessiert sich seit einigen Jahren zunehmend auch die akademische Theologie für diese Gruppe. Zahlreiche Dissertationen und Monographien zu Geschichte, Leben und Theologie Jesus-gläubiger Juden wurden inzwischen im deutschsprachigen Raum publiziert. Der vorliegende Sammelband ist ein weiterer Baustein dieser bereichernden theologischen Reflexion. Hanna Rucks gibt einen Überblick über »Messianische Juden in Geschichte und Gegenwart« (13–26). Der Grundgedanke der messianisch-jüdischen Bewegung sei es, als Jesus-gläubiger Jude seine jüdische Identität beizubehalten. Bei all den Unterschieden nach Ländern und Sprachgruppen sei die Thora-Observanz ein wichtiges Identitätsmerkmal. Als »Stolperstein« benennt sie das Thema »Judenmission« – ein Grund, weshalb viele Juden die messianisch-jüdische Bewegung als Bedrohung empfinden. In einem weiteren Artikel »Reizwort Judenmission« (109–126) stellt sie sich genau dieser heiklen Diskussion. Sie stellt viele Fragen wer, wie und wem gegenüber möglicherweise einen Zeugnisauftrag hat. Ihre Fragen bleiben offen. Vordringlich sei es, zwischen Juden, Christen und messianischen Juden Vertrauen aufzubauen und Plattformen für einen Trialog zu schaffen.

Mit seinem Beitrag »Teilhabe und Teilnahme der Messianischen Juden an der Erwählungs- und Bundesgeschichte Israels« (43–70) spricht sich Ulrich Laepple für die Überwindung der doppelten Ablehnung seitens des Mehrheitsjudentums und der völkerchristlichen Kirche aus. Als nicht verhandelbar sieht er den ungekündigten Bund, die bleibende Erwählung Israels. Daran Anteil zu haben nehmen messianische Juden für sich in Anspruch, was ihnen aber Vertreter des Mehrheitsjudentums absprechen. Deren Ablehnung geht sogar so weit, die Zugehörigkeit messianischer Juden zum Judentum grundsätzlich in Frage zu stellen. Auf dem Hintergrund der Schoa versucht Laepple das »Nein« des Mehrheitsjudentums zu Jesus als dem Christus zu verstehen. Aber er bedauert, dass gerade von kirchlicher Seite die Legitimität eines sich mit Israel in Kontinuität verstehenden messianischen Judentums in Frage gestellt wird, als ob etwas Drittes neben Judentum und Völkerkirche nicht sein könne, nämlich Juden, die an Jesus glauben und nicht in der völkerchristlichen Kirche aufgehen wollen.

Peter Hirschberg stellt sich dem Thema »Messianische Juden: Gefahr oder Chance für den christlich-jüdischen Dialog« (71–108). Auch er nimmt Ärgernis und Ängste seitens der rabbinischen Juden ernst, greift das Thema Judenmission auf und zitiert den ehemaligen Stuttgarter Landesrabbiner Joel Berger, dass christliche Judenmission die »Fortsetzung des Holocaust mit anderen Mitteln« sei. Auch wenn er und manche messianische Juden »Judenmission« ablehnten, sei daran erinnert, dass es Jesus-gläubige Juden waren, welche die Grenzen des jüdischen Volkes überschritten und letztlich das Fundament der christlichen Kirche legten. Diesbezüglich sind Judenchristen mehr als nur ethnische Folklore. Sie bilden eine Brücke zu dem nicht an Christus gläubigen Judentum. Mit Karl Barth definiert er das grundlegende Schisma, das Urproblem der christlichen Ökumene: »Die ökumenische Bewegung wird deutlich vom Geiste des Herrn getrieben. Aber wir sollen nicht vergessen, dass es schließlich nur eine große ökumenische Frage gibt: Unsere Beziehung zum Judentum.« Einerseits eint der Glaube des Jesus von Nazareth Juden und Christen, während andererseits der Glaube an Christus zum Stein des Anstoßes wird. Auf dem Hintergrund dieses Spannungsfeldes diskutiert er verschiedene Varianten christlich-jüdischer Verhältnisbestimmung und beleuchtet die unterschiedlichen Positionen in Zusammenhang mit Römer 9–11.

Das Pfarrer-Ehepaar Rita und Hans-Joachim Scholz berichten von persönlichen Begegnungen mit Jesus-gläubigen Juden. »Ermutigung zur Begegnung« (141–156) lautet ihr Beitrag, einer Einladung zum Austausch mit den Jesus-Nachfolgern aus dem Volk Israel.

Ihr Anliegen ist Versöhnung und Heilung von Erinnerungen, denn messianische Juden waren genauso wie alle anderen jüdisch-gläubigen Juden Opfer des Holocaust.

Mit zwei Textbeiträgen kommt Richard Harvey, ein messianischer Jude, selbst zu Wort. Aus der Erfahrung in den Dialogkonferenzen berichtet Harvey über das »Messianische(s) Judentum (aus) eine(r) Insider-Perspektive« (27–42). Ausführlich nimmt er Stellung zur Frage »Messianisches Judentum im deutschen Kontext« (127–139). Sein Anliegen ist es, an theologischen Schlüsselfragen weiterzuarbeiten. Dazu zählen die so genannte Ersatztheologie, die »Missio Dei«, die Mission Israels, die »Judenmission« und die theologische Deutung des messianischen Judentums. Harvey ist es ein Anliegen, dass – wenn die christliche Theologie die Ersatztheologie ablehnt – nicht nur für die Existenz messianischer Juden Raum geschaffen werden muss, das »*missing link*« zwischen Kirche und Israel, sondern dass zugleich auch die Ansicht über ihre vermeintliche Nicht-Existenz korrigiert wird. Den Begriff der »Judenmission« lehnt Harvey ab. Er reflektiert ausführlich über die »Missio Dei« und deren Beziehung zu den »*missiones ecclesiae*« und der »*missio Israelis*«. Sein Herz schlägt jedoch eindeutig für die Mission der messianischen Juden, also die »*missio ecclesiae ex circumcissione*«, diese gelte es weiter zu erkunden und zu entfalten.

Der vorliegende Sammelband liefert einen ausgezeichneten Überblick über Geschichte und theologische Entwicklungen der messianischen Juden. Alle, die im christlich-jüdischen Dialog stehen oder an Fragen des Volkes Israel interessiert sind, werden an diesen aktuellen und herausfordernden Beiträgen nicht vorbei können.

Markus Roser

Stefan Leder (Hg.), **Schrift – Offenbarung – Dogma im christlich-muslimischen Dialog**, Regensburg: Verlag Friedrich Pustet 2016. 262 S., EUR 19,95.

Es ist kein einfacher Dialog, den der Sammelband unter der Herausgeberschaft von Stefan Leder, dem Arabisten der Universität Halle-Wittenberg und Leiter des Orient-Instituts Beirut, dokumentiert. In drei Treffen in Wittenberg, Kairo und Münster begegneten sich von 2011 bis 2012 katholische, evangelische und islamische Theologen aus Deutschland und Lehrende der Kairoer al-Azhār Universität (aus der übrigens auch die einzige teilnehmende Frau stammt), die ihren Tätigkeitsschwerpunkt innerhalb der scholastisch-systematischen Theologie haben. Der Band besteht zu mehr als der Hälfte aus den Beiträgen sowie der dokumentierten Diskussion des ersten Treffens. Hinzu kommen der Eröffnungsvortrag des dritten Treffens sowie die ausformulierten Vorträge des zweiten Treffens, die leider ohne Diskussion wiedergegeben werden. Das im Vorwort anklingende Bedauern über diese Einschränkung kann man nur teilen, die Reaktion zum Beispiel auf die Überlegungen zu einer theologischen

Religionskritik, die Reinhold Bernhardt formuliert, wären ausgesprochen interessant gewesen. Denn der große Wert des Sammelbandes liegt sicherlich in den Ungleichzeitigkeiten, Reibungsflächen und zum Teil auch sprechendem Unverständnis, von dem die Diskussion und das Nebeneinander der Vorträge Zeugnis gibt. Der Graben wechselseitiger Irritation läuft dabei nicht so sehr zwischen christlichen und muslimischen Teilnehmern als vielmehr zwischen der hermeneutisch orientierten und geisteswissenschaftlich verankerten akademischen Theologie und der quellenorientierten und deduktiven Lehrtradition klassisch-islamischer Bildung. Wer unter Dialog eine fortschreitende, flexible Lerngemeinschaft auf gemeinsamen Boden erwartet, wird also ernüchtert sein. Doch umgekehrt wird der Band dadurch interessant, dass er zeigt, wie im Dialog nicht nur einzelne Themen, sondern grundlegende Voraussetzungen und Herangehensweisen verhandelt werden: Es geht um die Reichweite interpretativen Bemühens, um die vorausgesetzte Normativität, die Kriterien für Authentizität sowie nicht zuletzt um das Dialogverständnis selbst. Wozu wird der Dialog geführt, was steht zur Disposition, was darf nicht berührt werden? Erhellend ist in diesem Kontext der Widerstand gegenüber einem Dialog in Fragen der Glaubenslehren, den Abdalghani Shama äußert (36f), belegt er doch die unterschiedlichen Auffassungen von Dialog: Geht es den Teilnehmern von al-Azhār um eine mögliche Konvergenz in Fragen des Zusammenlebens, um eine Positionierung gegenüber dem Atheismus und durchaus, wie die Nachfragen belegen, auch um ein besseres Verstehen der christlichen Position, so artikulieren die christlichen Teilnehmer die Auffassung, man könne die eigene Glaubensüberzeugung im Dialog weiter entwickeln und vertiefen.

Der Band hält also, was er verspricht, denn die Grundlagenfragen, die sich hier abzeichnen, sind das Thema der drei Treffen: Es »stehen nicht so sehr die religiösen Lehren selbst im Vordergrund, also das WAS aus den fundierenden Quellen für Glaube und Dogma gewonnen wird; das Augenmerk soll vielmehr darauf gerichtet sein, WIE die Theologien ihre Aussagen gewinnen, mit welchen Voraussetzungen und Methoden sie arbeiten« (12). Genauerhin geht es im ersten Teil um »Schrift, Dogma und Tradition«, im zweiten um »Religion und Offenbarung« sowie um »Ethik und Recht« im nur anfänglich dokumentierten dritten Teil. Insgesamt kann man zwei Achsen der Beiträge ausmachen: Eine erste Gruppe von Beiträgen, unter anderem mit lesenswerten Beiträgen von von Stosch und Höhn, erörtert dezidiert fundamentaltheologische Fragen nach einer Kriteriologie von Offenbarungsansprüchen und dem Verhältnis von Glauben und Vernunft. In diesem Kontext fällt vor allem der Unterschied zwischen Fundamentaltheologie und »fundamentaler Theologie«, wie wohl die Fachbezeichnung der *uṣūl ad-dīn* übersetzt wird (261), auf. Erstere versteht nämlich die Rationalitätsforderung als kritische Rechtfertigung von Glaubensüberzeugungen vor einer

auch außertheologisch vermittelbaren Kriteriologie, letztere versucht ihr in konsensorientierter Darstellung und einsichtiger Systematisierung von deduktiv gewonnenen Glaubensaussagen vor dem Hintergrund einer prästabilisierten Harmonie von Glaube und Vernunft gerecht zu werden. Eine zweite Gruppe von Beiträgen nimmt spezifischer die Frage nach dem Schriftverständnis und der Rolle der Exegese in den Blick. Auch hier wird die Differenz von einem Offenbarungsverständnis als historischem Prozess, der sich auch in textuellen Überarbeitungen artikuliert, und einem Offenbarungsverständnis inhaltlicher Mitteilungen, die aus einem »horizontal angeordnetem Textmuster« (123) gewonnen werden, recht anschaulich. Die tastenden Verstehensversuche zeigen, dass die azhāritisch-muslimischen Teilnehmer eben auch kein reines *sola-scriptura*-Prinzip, erst recht keine »koranische Theologie« in Analogie zur »biblischen Theologie« verfolgen, sondern vielmehr die Deduktion von Argumenten aus Koran und Sunna mit einer implizit vorausgesetzten Systematik der metaphysisch-scholastischen Tradition des *kalām* kombinieren. Der azhāritische Beitrag von Sonia Lotfy schließlich weist auf die Wichtigkeit einer theologischen Anthropologie hin, die mehr ist als nur natürliche Theologie, mehr aber auch als die reine Beschreibung des Empfangsorgans von Offenbarungsmitteilungen, und schlägt damit bereits den Bogen hin zum Verhältnis von Recht und Ethik.

In zweierlei Hinsicht ist eine Weiterentwicklung denkbar: Erstens wäre die Integration arabischsprachiger christlicher Theologie sicherlich fruchtbar und bräche möglicherweise das zu statische Gegenüber auf. Zweitens erscheint das Potential allgemeiner fundamentaltheologischer Überlegungen zu Offenbarung und Schrift als solcher mit diesem Band einigermaßen ausgeschöpft. Interessant wäre nun eine gemeinsame Lektüre jeweiliger zentraler Texte – und zwar nicht aus Bibel und Koran, sondern aus der jeweiligen theologischen Tradition. Am konkreten Text wird die Vielzahl möglicher Perspektiven möglicherweise noch einmal greifbarer, wodurch eine Dynamisierung des eigenen Verständnisses vielleicht auch gegen die entschiedenen Grenzsetzungen denkbarer ist als im Rekurs auf die normativen Quellentexte.

Tobias Specker

Johannes Nissen, **The Gospel of John and the Religious Quest.** Historical and Contemporary Perspectives, Eugene/Oregon: Pickwick Publications 2013, 210 S., USD 26,00.

Johannes Nissen, Associate Professor für Praktische Theologie an der Universität Aarhus/Dänemark, hat schon mehrere Bücher vorgelegt, in denen er exegetische und missionswissenschaftliche Aspekte zu verbinden sucht. Die bereits 2013 in englischer Übersetzung erschienene Untersuchung zum Johannesevangelium hat ihren besonderen Reiz darin, dass hier exegetische Einsichten zum vierten Evangelium mit vielfältigen Ausdrucksformen einer Suche nach Spiritualität und gelingendem Leben aus verschiedenen religiösen Traditionen in Vergangenheit und Gegenwart zusammengebracht werden. Ein gewisser Schwerpunkt liegt dabei auf der Aufmerksamkeit für Traditionen indischer Spiritualität, hat doch das johanneische Denken in Indien eine besondere Resonanz gefunden, doch sind auch Gedanken aus dem Bereich von New Age und neueren außerchristlichen und christlichen spirituellen Bewegungen in das Gespräch einbezogen.

Ausgangspunkt für die vom Verfasser als erfahrungsbezogene und kreative Interpretation charakterisierte und doch hermeneutisch sehr reflektierte Beschäftigung mit ausgewählten Texten des Johannesevangeliums, zu denen jeweils religiöse Anschauungen aus anderen religiösen Sinnwelten mit herangezogen werden, ist die Wahrnehmung einer gewissen Vergleichbarkeit der heutigen und damaligen kulturell-religiösen Situation. Wie zur Zeit des Johannes sei auch heute die Gegenwart von einer außerordentlich stark individualisierten religiösen Sinnsuche und großer religiöser Pluralität geprägt. Schon das erste Wort Jesu im Johannesevangelium – »Was sucht ihr?« (Joh. 1,38) mache deutlich, dass der Evangelist sehr bewusst auf die religiösen Sinnfragen (»the religious quest«) der Menschen damals eingehe. In kreativer Interaktion mit der religiösen Sinnsuche seiner Zeit – oder in einer Methode der »wechselseitigen kritischen Korrelation zwischen Text und Erfahrung«, wie Nissen im Anschluss an Eduard Schillebeeckx (S. 10) schreibt – suche Johannes das Heil in Jesus Christus als gelingendes Leben in solchen religiösen Symbolen und Metaphern zu beschreiben, die universale Bedeutung haben und deshalb für Leser und Leserinnen aus einer Vielzahl kultureller Kontexte zugänglich seien.

Anders als die synoptischen Evangelien, die ihre Metaphern aus dem wohl eher partikular verorteten sozialen und politischen Leben nehmen, setze Johannes dabei eine »biologisch« orientierte Sprache ein, in der Prozesse wie Geburt, Leben und Wachstum anklingen oder so elementare Gaben wie Brot und Wasser die Gegenwart und Fülle des Heils beschreiben. Solche Metaphern, die bei Johannes oft im Zusammenhang mit den »Ich bin«-Worten Jesu zur Sprache kommen, nehmen ihren Ausgangspunkt in der vorfindlichen materiellen Realität, weisen aber auf eine größere Wirklichkeit, die weit darüber hinaus geht und den Menschen neue, reiche und beglückende Dimensionen gelingenden Lebens erschließen wollen.

In seinem ersten Teil, nach einem hermeneutisch reflektierten Eingangskapitel, konzentriert sich die Untersuchung dann unter der Überschrift »Images of Greater Reality – Interpretation of Selected Texts« auf die Herausarbeitung von neun zentralen christologischen und soteriologischen Metaphern. In seiner Untersuchung solcher Metaphern wie »Neugeburt«, »Wasser«, »Brot«, »Licht« und anderen geht es dem Autor jeweils zunächst in »historischer Perspektive« um die exegetische Herausarbeitung der Substanz der johanneischen Aussagen, deren Ergebnisse dann in einem zweiten Schritt – in »kontemporärer Perspektive« – in ein Gespräch mit ähnlichen religiösen Sprachbildern aus anderen religiösen Traditionen eingebracht werden, wodurch die johanneischen Aussagen noch einmal vertieft, aktualisiert und auch profiliert werden.

Die Profilierung der johanneischen Aussagen ist dann auch das Interesse des zweiten Teils der Untersuchung. Unter der Überschrift »The Gospel of John and the Religious Dialogue« lenkt der Autor die Aufmerksamkeit auf eher systematisch-theologische Fragestellungen, die sich auf der Grundlage der exegetischen und komparativen Ausführungen des ersten Teils wesentlich in einem missionstheologischen Referenzrahmen bewegen. Gehandelt wird hier über den Zusammenhang von Inkarnation und Inkulturation, die Bedeutung biblischer und außerbiblischer, in neuen kulturell-religiösen Kontexten aktualisierter christologischer Titel und Metaphern, Modelle und Kriterien des interreligiösen Dialogs – im Rahmen johanneischen Denkens sind letztere vor allem Wahrheit und Liebe –, bevor abschließend »Die johanneische Erfahrung des Glaubens« in knapper Zusammenfassung skizziert wird.

Ohne Zweifel ist das von Johannes Nissen vorgelegte Buch, nicht zuletzt auch in der Aufnahme unterschiedlicher Methoden, außerordentlich anregend. Exegeten werden zwar einige neuere Kommentarwerke zum Johannesevangelium vermissen und Kenner indischer Beschäftigung mit dem Johannesevangelium könnten einige zusätzliche Quellen beisteuern. Aber auch wenn zudem die Heranziehung religionswissenschaftlicher Materialien insgesamt als eklektisch zu bezeichnen ist, zeigt sich in diesem Buch doch ein interessanter kreativer Ansatz, der exemplarisch biblische Theologie sowohl im interreligiösen Gespräch als auch im Diskurs über Spiritualität der Menschen von heute zusammenzudenken versucht.

Klaus Schäfer

Malte Rhinow, **Das Frühmorgengebet in Koreas Christentum.** Entstehung und Herkunft (= Missionswissenschaftliche Forschungen Band 32), Neuendettelsau: Erlanger Verlag für Mission und Ökumene 2015, 452 S., EUR 34,00.

Malte Rhinow stellt in seinem 2015 veröffentlichten Buch die Entstehungsgeschichte des Frühmorgengebets und deren Bedeutung für die Kirchen Koreas vor, das zugleich den stark gekürzten inhaltlichen Hauptteil seiner im Jahr 2010 an der Augustana-Hochschule in Neuendettelsau eingereichten Dissertation darstellt.

Das Buch wird insgesamt in sechs Kapitel gegliedert. Zu Beginn gibt der Vf. in Kapitel 1 eine Einführung in das Thema und einen kurzen Überblick über den Aufbau seiner Arbeit. Nachdem der Vf. den hauptsächlichen Inhalt und Schwerpunkt seines Buches in den folgenden Kapiteln 2 und 3 ausführt, fasst er in Kapitel 4 seine Ausführun-

gen noch einmal inhaltlich kurz zusammen und bündelt sie in ein Endergebnis. In den letzten zwei Kapiteln 5 und 6 fügt der Vf. dann einen Anhang mit den von ihm gehaltenen Interviews mit einer Schamanin, die Transkriptionsregeln wie auch das Literaturverzeichnis bei. Sehr hilfreich für den Leser sind die inhaltlichen und tabellarischen Zusammenfassungen am Ende des 2. Kapitels sowie zu den jeweiligen Unterkapiteln des 3. Kapitels (3.1, 3.2. und 3.3), die die Zwischenergebnisse noch einmal gut im Überblick sichtbar machen.

Inhaltlich bearbeitet der Vf. in dem ersten großen Hauptteil seines Buches (2) aus der kirchengeschichtlichen Perspektive heraus die Entstehung des Frühmorgengebets in den Kirchen Koreas bis zum Jahr 1910 und konzentriert sich dabei hauptsächlich auf die Frage, wer es in den Kirchen initiiert hat und in welcher Form es praktiziert worden ist. In den bisherigen Veröffentlichungen wurde die Tradition des Frühmorgengebets, die in allen – auch in den noch so unterschiedlich theologisch orientierten – Denominationen in Korea zu finden ist, immer in Zusammenhang gebracht mit der Erweckungsbewegung der protestantischen Kirchen zu Beginn des 20. Jahrhunderts. Hier ist aber gerade der ökumenische Beitrag sehr hervorzuheben, den der Vf. durch seine fleißige Recherchearbeit leistet, indem er die bisher verengte konfessionalistische Sichtweise erweitert mit dem Nachweis, dass die *praxis pietatis* des Frühmorgengebets bereits unter katholischen koreanischen Christen seit dem 17.

Jahrhundert ausgeübt worden ist, wenngleich bis vor Beginn des 20. Jahrhunderts keine eindeutig festgelegte und klare Form des Morgengebets festzustellen ist.

In dem zweiten großen Hauptteil seiner Arbeit (3) widmet sich der Vf. der Frage nach dem religiösen Kontext und der religiösen Herkunft des Frühmorgengebets und inwiefern die wichtigen nichtchristlichen Religionen in Korea vor Einzug des Christentums bereits die Praxis des Frühmorgengebets aufweisen. Dabei richtet er sein Augenmerk auf mögliche Einflüsse und Zusammenhänge dieser Tradition mit nichtchristlichen Religionen und macht sich die Mühe, erstmals in Bezug auf den Schamanismus und Konfuzianismus Material zusammenzustellen, in dem die Praxis von Frühmorgengebeten aufzufinden ist bzw. in dem die Bedeutung des frühen Morgens auftaucht. Sehr gründlich geht der Vf. in der Einzelanalyse auf die erforschten Frühgebetsformen unter den katholischen wie protestantischen Christen in den frühen Kirchen Koreas ein und analysiert ihre mögliche religiöse Herkunft.

In seiner Darstellung kommt er zu dem Ergebnis, dass Praktiken von Frühmorgengebeten in allen wichtigen nichtchristlichen Religionen in Korea vorzufinden waren und die Praxis von Frühmorgengebeten im Buddhismus und die besondere Gewichtung des Morgens in den konfuzianischen Familien- wie religiösen Riten schon vor ihrer Einführung nach Korea sich nachweisen lassen. Aber ebenso stellt der Vf. fest, dass christliche Einflüsse von katholischen Christen möglicherweise in die Frühmorgengebetspraxis evangelischer Christen mit hineingekommen sind, die mit biblischen wie christlichen Gebetstraditionen in Verbindung gebracht werden können.

So sieht der Vf. es als am wahrscheinlichsten an, dass Einflüsse von christlichen wie nichtchristlichen Traditionen in der *praxis pietatis* des Frühmorgengebets mitgewirkt haben. Damit gelingt es dem Vf., die bisherige Forschungslage mit den unterschiedlichen Positionen zu überwinden, die entweder von konservativer Seite einseitig davon ausgingen, dass diese Tradition hauptsächlich nur auf biblische Wurzeln und protestantische Erweckungsbewegung zurückzuführen seien oder aber von einer indigenisierungstheologischen Perspektive heraus den Einfluss auf die Tradition des Frühmorgengebets in Korea allein in den traditionellen koreanischen nichtchristlichen Religionen verankert sahen.

Insgesamt wäre der religionswissenschaftliche Teil der Arbeit inhaltlich noch ausbaufähig gewesen in Bezug auf weitere Recherchen im Schamanismus oder Konfuzianismus, vor allem in Bezug auf ihren Einfluss auf die koreanische Mentalität und Kultur. Auch kamen m. E. die möglichen kulturellen, gesellschaftlichen oder situationsbedingten Ursachen und Einflüsse auf die Entstehung der Frühmorgengebetspraxis in den frühen Kirchen in Korea ein wenig zu kurz, was aber angesichts des quantitativen Umfangs der Dissertation und die damit verbundenen Herausforderungen z.T. verständlich ist.

Letztendlich ist es sehr zu würdigen, dass es dem Vf. gelungen ist, in seinem Buch eine erste Gesamtdarstellung zu präsentieren, die der Frage nach den religionsgeschichtlichen Wurzeln der Frühmorgengebetstradition in Korea ernsthaft nachgeht und die inspiriert für weitere Forschungsarbeiten in Bezug auf die vom Vf. selbst aufgeworfenen noch offenen Fragen in diesem Zusammenhang, z.B. der praktisch-theologischen Bedeutung des Frühmorgengebets für die Christen in Korea.

Nahamm Kim

Heinz Schütte, **Dialog, Kritik, Mission.** Franz Magnis-Suseno, ein indonesischer Jesuit aus Deutschland, Berlin: regiospectra 2013, 447 S., EUR 29,90.

Von warmer Sympathie ist die Biografie getragen, die Heinz Schütte über den bekannten Hochschullehrer, Priester und Publizisten Franz Magnis-Suseno verfasst hat und die rechtzeitig vor dem 80. Geburtstag des Porträtierten erschien. Es ist lohnend nachzuvollziehen, wie der als Franz Graf von Magnis 1936 in Schlesien Geborene nach dem Abitur in den Jesuitenorden eintrat und bereits während seiner Studienzeit in intensiven Kontakt mit der katholischen Kirche in Indonesien kam. Als junger Dozent reiste er dann mit Genehmigung seiner Ordensoberen erneut in dieses Inselreich und erschloss sich mit großer Beharrlichkeit die Geheimnisse der javanischen Sprache. Mit den Möglichkeiten des von außen Kommenden analysierte und reflektierte er die fremde Kultur und machte sie zu einem entscheidenden Teil seiner eigenen geistigen Identität. Daraus entstand 1981 auf Deutsch eine wissenschaftliches Arbeiten über Indonesien stark anregende Habilitationsschrift mit dem Titel »Javanische Weisheit und Ethik«, die anschließend auch in Bahasa Indonesia hohe Beachtung fand.

Große Verdienste erwarb sich Franz Magnis-Suseno – so der von ihm gewählte indonesische Name – auch um den christlich-muslimischen Dialog im Land. Er war in der indonesischen Öffentlichkeit lange eine der einflussreichsten christlichen Stimmen in den Debatten zum religiösen Pluralismus. Theologisch bewegte er sich dabei entlang der vom zweiten Vatikanum vorgegebenen Grundlinien. Sein Eintreten für religiöse Toleranz hinderte ihn in den 1990er Jahren jedoch nicht daran, etwa in der Auseinandersetzung mit dem jungen muslimischen Intellektuellen Nurcholish Majid deutlich gegen dessen verzerrte Darstellung des christlichen Glaubens Stellung zu beziehen.

Ein prominentes gesellschaftliches Anliegen des über Jahrzehnte in Jakarta Lehrenden ist der Einsatz für soziale Gerechtigkeit. Durch zahlreiche Buch-Publikationen wie durch Kommentare und Stellungnahmen in indonesischen Zeitungen hat Magnis-Suseno sich dazu in der Öffentlichkeit geäußert. Aufgrund seiner differenzierten Argumentationen und seiner sprachlichen Klarheit wurde er auch in diesen Debatten zu einer in breiten Kreisen der Gesellschaft anerkannten Autorität. Er wusste, dass seine Ansichten, auch seine Kritik, akzeptiert wurden, wenn sie nicht besserwisserisch, sondern partizipierend daherkamen. Seine Vertrautheit mit javanischer Kultur half ihm zu verstehen, dass man durchaus Kritik erwartete, aber so, dass sie nicht nach Kritik ausschaute. Sein soziales Interesse und seine antikommunistische Haltung hatten sich schon 1975 in der Dissertationsschrift mit dem Titel »Normative Voraussetzungen im Denken des jungen Marx (1843–1848)« gezeigt. So berührte es ihn schmerzlich, dass seine diesbezüglichen Arbeiten trotz seiner äußerst kritischen Rezeption des Marxschen Ansatzes in der Suharto-Zeit aus den Regalen der Buchhandlungen gezogen und öffentlich verbrannt wurden. Nach anfänglicher Zustimmung zu Suharto wurde er diesem gegenüber in den 1970er Jahren skeptischer und näherte sich der Oppositionsseite an.

Wie wenig sich Magnis-Suseno bis heute – trotz aller Anerkennung – in der indonesischen Gesellschaft von der Politik vereinnahmen lässt, zeigt am Ende des Buches sein Widerstand gegen die Verbrämung des indonesischen Präsidenten Susilo Bambang Yudhoyono zum Menschenrechtsaktivisten und Förderer religiöser Toleranz. Als diesem 2013 in den USA der World Statesment Award verliehen werden sollte, protestierte Magnis-Suseno mit einem offenen Brief, der viel Beachtung fand, in der Jakarta Post abgedruckt wurde und in einer Online-Petition Tausende von Zustimmungen erhielt.

Man merkt der Studie von Heinz Schütte auf nahezu jeder Seite an, wie der Porträtierte sein waches Interesse und seine Bewunderung findet. Dennoch ist die Biografie eine lohnenswerte Lektüre, zeigt sie doch in geradezu paradigmatischer Form den Weg eines deutschen Intellektuellen heraus aus den mit der eigenen Kultur gegebenen Limitierungen des Verstehens hinein in ein Sich-Neuerfinden und ein entsprechend adäquates gesellschaftliches Agieren. Dem unabhängigen Publizisten Heinz Schütte, der schon verschiedentlich durch seine Arbeiten über Themen aus dem Bereich kulturell bedingter *Clashes* und interkultureller Synthesen hervorgetreten ist, ist mit dieser Biografie ein lesenswertes Werk über einen wichtigen Grenzgänger zwischen deutscher und indonesischer Theologie und Kirche gelungen.
Dieter Becker

Simone Sinn, **Religiöser Pluralismus im Werden.** Religionspolitische Kontroversen und theologische Perspektiven von Christen und Muslimen in Indonesien, Tübingen: Mohr Siebeck 2014, 672 S., EUR 119,00.

Die an der Evangelisch-theologischen Fakultät der Universität Münster als Dissertation angenommene Studie untersucht Probleme und Möglichkeiten des religiösen Miteinanders in der indonesischen Gesellschaft nach dem Ende des Suharto-Regimes 1998. Sie zeigt, wie die Hoffnung auf mehr Partizipationsmöglichkeiten, mehr Freiheit und Gerechtigkeit in breiten Teilen der Bevölkerung inzwischen auf neue »religionsbezogene Normierungen des öffentlichen Lebens« stößt. Dazu gehören etwa – wie im ersten Hauptteil eruiert – neue Scharia-Regelungen auf Provinz-und Regierungsbezirksebene, Erschwernisse bei dem Bau von Gotteshäusern, die Bestätigung der alten Blasphemie-Gesetzgebung oder die durch ministerielle Erlasse verfügte Ausgrenzung von Schiiten, Ahmadis und Zeugen Jehovas. Zutreffend erkennt die Verfasserin darin den Willen des Staates zu »Schutz« und zugleich zu »Zähmung der Religionen«. Geschickt verdeutlicht sie zudem, wie sich staatliche Stellen in dem allen geschickt, wenn im Einzelnen auch sehr divers, auf die erste Säule der Staatsphilosophie *Pancasila* beziehen, dem »Gottsein des all-einen Gottes«.

Das Besondere der Untersuchung liegt sodann darin, dass in einem zweiten Hauptteil mithilfe der Methoden qualitativer Sozialforschung für ein spezielles gesellschaftliches Segment das Spektrum der Anschauungen über religiösen Pluralismus erhoben wird. Dazu befragte die Verfasserin im Rahmen ihrer Feldforschung eine Anzahl von Dozierenden an christlichen und islamischen Hochschulen und Universitäten hinsichtlich ihrer Vorstellungen über religiösen Pluralismus. Die so gewonnenen Einsichten werden breit referiert und am Ende anschaulich in vierfacher Weise unterschieden als *Konflikts-, Vielfalts-, Staatsbürgerschafts- und Proportionalitätsdiskurs.* Die je eigene Wissensordnung von Muslimen und Christen über das Ver-

hältnis der Religionsgemeinschaften zueinander, zur gesellschaftlichen Öffentlichkeit und zum Staat tritt so deutlich hervor. Angesichts aller Tendenzen zur Instrumentalisierung und Verzerrung von Religion betonen die befragten Dozierenden aus beiden Religionen die Notwendigkeit vor allem von Bildung und stellen die geistliche und geistige Dimension von Religiosität in den Mittelpunkt.

In einem dritten Hauptteil wird diese Einsicht untermauert, indem ausführlich die Werke von drei muslimischen und drei christlichen Wegbereitern des religiösen Pluralismus in diesem Land dargestellt und beleuchtet werden. Auf christlicher Seite sind dies Th. Sumartana, Andreas A. Yewangoe und Emanuel Gerrit Singgih; auf muslimischer Seite Nurcholish Madjid, Adurrahman Wahid und Budhy Munawar-Rachman. Allen Genannten geht es um Würdigung und Vertiefung des religiösen Pluralismus, um Neujustierungen in der je eigenen Denktradition und in diesem Land notwendige Aufbrüche aus gewachsenen interreligiösen Verengungen.

Der Aufbau der Arbeit ist so gestaltet, dass nach etwa 100 Seiten Forschungstheorie die oben genannten drei Hauptteile auf etwa 400 Seiten zur Sprache kommen. Dem schließen sich auf den Seiten 500–575 Überlegungen an, die die Verfasserin als ihren eigenen systematisch-theologischen Beitrag zum Diskurs über religiösen Pluralismus bezeichnet. Hier reflektiert sie die Erkenntnis, »dass der religiöse Pluralismus in Indonesien für die Beteiligten die Frage nach der *agency des Men-*

schen und die nach der wirksamen *Präsenz Gottes* mit neuer Dringlichkeit stellt« (505). Sieht die Verfasserin die »omnipräsenten Religionsdebatten« im Land geprägt von den »Erfahrungen von Ohnmacht und Macht, von Vulnerabilität und Gewalt«, so möchte sie diese nun im Sinn einer spezifisch *christlich-theologischen* Fragestellung vertiefen. Dies geschieht unter Rückgriff auf *inputs* aus dem Diskursraum englisch-und deutschsprachiger Theologie und Philosophie. Referenzgrößen werden nun Dalferth, Jüngel, Barth, Tödt, Huber, Reuter, Großhans usw. und insbesondere Luther. Dabei versiegt nun allerdings das Gespräch mit den referierten christlichen Theologen Indonesiens immer mehr und die muslimischen geraten nahezu gänzlich aus dem Blick.

Die Verfasserin eröffnet damit – strenggenommen – einen neuen Diskursraum, der mit allem zuvor Dargestellten wenig verbunden ist. Erst im Schlusskapitel postuliert sie dann, dass es in Indonesien auf islamischer wie christlicher Seite Theologen gibt, die das Phänomen Religion in der erforderlichen Weise »unerschrocken« in den Blick nehmen (581). Diesen gehe es nicht nur darum, »Begegnungen zwischen den Religionsgemeinschaften zu fördern« und »Räume zu schaffen, in denen sich interreligiöse Solidarität" entwickele. Diese Autoren wendeten sich in ihren Arbeiten vielmehr gegen von staatlicher Seite verordnete – und von der Autorin kritisch beleuchtete – »Segregation, Exklusion und hegemoniale Inklusion im Bereich Religion«. (582) Sie seien offen für eine theologische Religionskritik, die die Welt »im Horizont Gottes« wahrnehme und auch offen dafür, in der Debatte über religiösen Pluralismus zu fragen und zu hören, »wo Gott sich selbst mitteilt« (582).

Die Studie ist insofern, was ihre »Architektur« als ganze betrifft, nicht frei von »Spannungen«. Ich vermute, dass diese dadurch entstanden sind, dass eine Arbeit, die weitgehend mit der interdisziplinären Methodik des Faches Interkulturelle Theologie arbeitet, am Ende zur Einreichung im Fach Systematische Theologie »angepasst« werden musste. Der indonesische und der deutsch-englische Diskursraum werden so nur partiell verbunden. Zugleich schleichen sich Wertungen ein, die den »kontextuellen« Diskurs mit Elementen aus dem angeblich »universalen« anreichern möchten. Demgegenüber wäre jedoch nachdrücklich zu fragen, ob die Darstellung des indonesischen Diskursraums nicht auch Einsichten enthält, die die systematisch-theologische Forschung bei uns in qualifizierter Weise bereichern können.

Dieter Becker

Berufungen und Ehrungen

Munib Younan (67), Präsident des Lutherischen Weltbundes, erhielt im Juli des Jahres in Tokio den mit 165.000 Euro dotierten *Niwano-Friedenspreis*. Die Jury, die aus Juden, Christen, Muslimen und Buddhisten besteht, begründete ihre Entscheidung mit dem Engagement Younans für den Dialog zwischen den Glaubensgemeinschaften im Heiligen Land.

Ernesto Cardenal (92), Dichter und ehemaliger Kulturminister Nicaraguas, wurde im März mit der Ehrendoktorwürde der Bergischen Universität Wuppertal ausgezeichnet. Die Fakultät für Geistes- und Kulturwissenschaften würdigt damit seinen Beitrag zur Weltliteratur und sein Engagement für den kulturellen Austausch zwischen Nicaragua und Deutschland.

Amos Oz (77), israelischer Schriftsteller, erhielt am 27. Mai 2017 im Rahmen des Deutschen Evangelischen Kirchentages den mit 10.000 Euro dotierten Abraham-Geiger-Preis. Damit ehrt das an der Universität Potsdam angesiedelte Rabbiner-Seminar Abraham-Geiger-Kolleg das Engagement des Schriftstellers für die Verständigung zwischen Israelis und Palästinensern sowie mit dem heutigen Deutschland. Die Laudatio hielt Berlins Kultursenator Klaus Lederer (Linke).

Bartholomaios I (76), Ökumenischer Patriarch von Konstantinopel, erhielt am 30. Mai 2017 im Rahmen seines Deutschlandbesuches anlässlich des Reformationsjubiläums die Ehrendoktorwürde der Evangelischen Fakultät der Universität Tübingen. Er werde als herausragende Stimme christlicher Religion und Theologie in einem pluralen Europa ausgezeichnet, teilte die Fakultät mit. Das Ehrenoberhaupt der orthodoxen Kirchen mahne und ermutige zugleich zur Erhaltung der Schöpfung und zum sozialen Zusammenhalt.

Prof. em. Dr. **Hubert Seiwert** (68) wurde im Rahmen des Dies Academicus der Theologischen Fakultät der Universität Zürich die Ehrendoktorwürde verliehen. Die Fakultät würdigte damit seine Forschungen zur Religionsgeschichte Chinas, zu Prozessen religiöser Pluralisierung und zu verschiedenen Formen des religiösen Nonkonformismus, die historische und sozialwissenschaftliche Fragestellungen verbinden und einen grundlegenden Beitrag zur religionswissenschaftlichen Theoriebildung leisten.

Prof. em. Dr. **Jürgen Moltmann** (91) wurde im April mit der Ehrendoktorwürde der Theologischen Fakultät der Universität Pretoria ausgezeichnet.

Musa Panti Filibus (57), Theologe aus Nigeria, wurde zum neuen Präsidenten des Lutherischen Weltbundes gewählt.

Er stammt aus dem Norden Nigerias und will sich im Kampf gegen den Terror sowie für die Gleichstellung von Mann und Frau einsetzen. Filibus tritt damit die Nachfolge von Bischof Munib Younan an, der das Amt seit 2010 innehatte und nicht wieder gewählt werden konnte.

Pfr. **Dietmar Arends** (54), Landessuperintendent der Lippischen Kirche, bleibt Präses der Norddeutschen Mission. Auf ihrer Hauptversammlung im Juni wählte die Missionsgesellschaft ihn erneut in das Amt des Präses, das er 2013 erstmalig angetreten hatte.

P. **Christian Tauchner** SVD (60) ist zum neuen Direktor des Steyler Missionswissenschaftlichen Instituts in St. Augustin ernannt worden. Tauchner hat mehr als zwanzig Jahre in Ecuador gearbeitet. Seit 2005 ist er Mitglied des Steyler Missionswissenschaftlichen Instituts, seit 2013 als stellvertretender Direktor verantwortlich für die Publikationen des Hauses. Der Missionswissenschaftler und Medienexperte wurde für das Triennium 2016–2019 zum Direktor bestellt.

Susanne Krüger (Wycliff Deutschland/Burbach), **Gaetan Roy** (Jugend-Missions- und Sozialwerk/Altensteig im Schwarzwald) und **Gian Walser** (Operation Mobilisation/OM in Mosbach) wurden durch die Mitgliederversammlung der Arbeitsgemeinschaft Evangelikaler Missionen (AEM) am 9. März neu in den Vorstand gewählt. Wiedergewählt wurden der Missionsdirektor der Liebenzeller Mission,

Martin Auch (Bad Liebenzell), der Direktor der Stiftung Marburger Mission, Rainer Becker (Marburg), und der Referent für Lateinamerika der Europäischen Baptistischen Mission, Carlos Waldow (Wustermark/Brandenburg). Ausgeschieden aus dem Vorstand ist der Sekretär des Mülheimer Verbandes Freikirchlich-Evangelischer Gemeinden, Dieter Stiefelhagen (Bremen). Als Vorsitzender der AEM amtiert seit 2004 der Direktor des Missionswerks DMG interpersonal, Detlef Blöcher (Sinsheim bei Heidelberg). Geschäftsführer ist Wolfgang Büsing (Korntal bei Stuttgart).

Pfrn. **Julia Helmke** (47) wird neue Generalsekretärin des Deutschen Evangelischen Kirchentags. Sie folgt damit Ellen Überschär nach, die nach dem Kirchentag in Berlin und Wittenberg in den Vorstand der Heinrich-Böll-Stiftung gewechselt ist. Helmke stammt aus der bayerischen Landeskirche und leitete von 2005 bis 2015 den Fachbereich *Kirche im Dialog* im Haus Kirchlicher Dienste in Hannover. Als Kulturbeauftragte der hannoverschen Landeskirche initiierte sie unter anderem Kulturpreise und einen Fonds für kirchliche Kulturarbeit. Die Theologin ist dem Kirchentag zufolge ausgebildete geistliche Begleiterin, lehrt als Honorarprofessorin für Christliche Publizistik in Erlangen und ist ehrenamtlich engagiert in der evangelischen Filmarbeit.

Pfr. **Eberhard von der Heyde** hat *Nordkirche weltweit – Zentrum für Mission und Ökumene* zum 1. April

2017 verlassen. Fünfzehn Jahre lang war er zunächst Indienreferent und seit 2003 stellvertretender Direktor des Werks.

Neue Promotionen und Habilitationen

Paul Melwyn Dsouza (Theologische Fakultät der Universität Zürich, Dissertation, WS 2015/16): »The Challenges of Hindu-Christian Dialogue in the Context of Hindu Fundamentalism in India«.

Natalie Fritz (Theologische Fakultät der Universität Zürich, Dissertation, WS 2015/16): »Von Rabenvätern und Übermüttern. Das religionshistorische Motiv der Heiligen Familie im Spannungsfeld von Religion, Kunst und Film«.

Maibritt Gustrau (Theologische Fakultät der Georg-August-Universität Göttingen, WS 2015/16, Dissertation): »Christen oder Orientalen? Wahrnehmungen und Einschätzungen des orientalischen Christentums in Reiseberichten deutscher Theologen in der Endphase des Osmanischen Reiches.«

Philipp Hetmanczyk (Fakultätsübergreifende Promotion Theologische/ Philosophische Fakultät der Universität Zürich, Dissertation, Sommersemester 2016): »Begräbnispraxis in China zwischen ›Wirtschaftsrationalität‹ und ›Verschwendung‹: Ökonomische Bewertungen von Religion im Kontext von Religionspolitik und Religionstheorie«.

Dyah Ayu Krismawati (Kirchliche Hochschule Wuppertal-Bethel, Lehrstuhl für Missions- und Religionswissenschaft und Ökumenik, Dissertation WS 2016/17): »Reformdenken indonesischer Muslime in der *era Reformasi* – Religionswechsel und Religionsfreiheit im Denken von Gelehrten der *Muhammadiyah* und der *Nahdlatul Ulama*«.

Volker Metzler (Theologische Fakultät der Georg-August-Universität Göttingen, WS 2015/16, Dissertation): »Mission und Macht. Das Wirken der Orient- und Islamkommission des Deutschen Evangelischen Missionsausschusses 1916–1933«.

Vasile Octavian Mihoc (Theologische Fakultät der Georg-August-Universität Göttingen, WS 2015/16, Dissertation): » Christliche Bilderverehrung angesichts islamischer Bilderlosigkeit. Der Traktat über die Bilderverehrung von Theodor Abū Qurrah (ca. ca. 755 bis ca. 830)«

Bernhard Ortmann (Theologische Fakultät der Georg-August-Universität Göttingen, Sommersemester 2015, Dissertation): »Die Hildesheimer Blindenmission in Hongkong. Blinde und sehbehinderte Kinder in Werk und Wahrnehmung einer Frauenmission, ca. 1890 – 1997«.

Farida Stickel (Fakultätsübergreifende Promotion Theologische/Philosophische Fakultät der Universität Zürich, Dissertation, Sommersemester 2016): »Zwischen Chiliasmus und Staatsräson. Religiöser Wandel unter den Ṣafaviden«.

Geburtstage

90 Jahre: am 30. 7. 2017 Prof. em. Dr. **Herwig Wagner**, emeritierter Professor für Missionstheologie und Religionswissenschaft an der Augustana-Hochschule Neuendettelsau und langjähriger stellvertretender Vorsitzender der Deutschen Gesellschaft für Missionswissenschaft.

90 Jahre: am 8. 11. 2017 Prof. em. Dr. **E.C. John**, bis zu seiner Emeritierung 1993 Lehrstuhlinhaber für Altes Testament am United Theological College in Bangalore, Indien, und Herausgeber wichtiger theologischer Werke in der *Malayalam*-Sprache.

90 Jahre: am 27. 11. 2017 Prof. em. Dr. **Frans J. Verstraelen**, langjähriger Professor am Interuniversity Institute for Missiological and Ecumenical Research der Universität Leiden und von 1976–1986 Generalsekretär der International Association for Mission Studies.

80 Jahre: am 20. 12. 2017 Prof. em. Dr. **Richard Friedli**, katholischer Missionswissenschaftler in Fribourg, Schweiz, und prägend für das Konzept der »Interkulturellen Theologie« seit den 1970er Jahren.

75 Jahre: am 17. 11. 2017 Dr. **Hermann Vorländer**, ehemaliger Direktor von Mission *EineWelt*, dem Centrum für Partnerschaft, Entwicklung und Mission der Evangelisch-Lutherischen Kirche in Bayern.

65 Jahre: am 22. 12. 2017 P. Prof. em. Dr. **Lothar Bily**, SDB, Professor an der Philosophisch-Theologischen Hochschule Benediktbeuern und langjähriger Vorsitzender des Internationalen Instituts für Missionswissenschaftliche Forschungen.

Todesnachrichten

Pfr. i.R. **Hartmut Albruschat** ist am 24. 1. 2017 verstorben. Albruschat war viele Jahre als Ostasienreferent im Berliner Missionswerk tätig, wo der Einsatz für Menschenrechte und die Wiedervereinigung der beiden koreanischen Staaten zu seinen wichtigsten Anliegen gehörten. Bis in seinen Ruhestand hinein war er der Deutschen Ostasienmission verbunden, deren Vorstandsvorsitzender er seit 2011 war. Auch dem Korea- und dem Japanarbeitskreis des Berliner Missionswerks war er intensiv verbunden und setzte sich für die Belange der koreanischen *Comfort Women* ein.

Pfr. **Peter Sandner**, ehemaliger Direktor der Vereinten Evangelischen Mission, ist am 2. 5. 2017 im Alter von 89 Jahren verstorben. Peter Sandner wurde am 7. November 1927 in Windhuk, Namibia, als Sohn eines deutschen Auslandpfarrers geboren und hat 17 Jahre lang in Südafrika gelebt und gearbeitet. Nach seinem Theologiestudium an der Kirchlichen Hochschule in

Berlin und Göttingen wurde er 1953 im Alter von 26 Jahren ordiniert und reiste im Auftrag der Berliner Mission nach Südafrika aus. Nach seiner Rückkehr nach Deutschland 1970 wurde Sandner zunächst Afrika-Inspektor bei der Berliner Mission. Von 1974 bis 1990 war Peter Sandner Direktor der Vereinten Evangelischen Mission in Wuppertal. Als Exekutiv-Sekretär im *United in Mission*-Komitee arbeitete er entscheidend daran mit, dass aus dem alten Missionsbild der sendenden Kirche eine ökumenische Gemeinschaft entstehen konnte, in der alle Mitglieder gleich geben und gleich empfangen. Am 2. November 2015 erhielt Peter Sandner in Anerkennung seiner Rolle bei der Internationalisierung der Vereinten Evangelischen Mission von der Université Libre des Pays des Grands Lacs (ULPGL, Universität Goma in der Demokratischen Republik Kongo) die Ehrendoktorwürde der Theologie.

Niels-Peter Moritzen, emeritierter Professor für Religions- und Missionswissenschaft, verstarb am 12.6. 2017 im Alter von 89 Jahren. Geboren 1928 im Kreis Eckernförde, hatte Moritzen in Kiel und Erlangen Evangelische Theologie studiert und wurde in Erlangen mit einer dogmengeschichtlichen Arbeit promoviert. Moritzen war zunächst Pfarrer in einer dänischen Gemeinde. Von 1962 bis 1967 war er Theologischer Referent und Exekutivsekretär des Deutschen Evangelischen Missionsrats (DEMR), der Vorgängerorganisation des Evangelischen Missionswerks in Deutschland. Er wurde 1967 auf den neu errichteten Lehrstuhl

für Missions- und Religionswissenschaft der Theologischen Fakultät der Universität Erlangen berufen. In dieser Zeit gehörte er auch dem Vorstand des Leipziger Missionswerks und dem Kuratorium des Bayerischen Missionswerks an. Sein Arbeitsschwerpunkt lag auf der Christentumsgeschichte in Indien, der Missionsgeschichte und der Erforschung neuer religiöser Bewegungen. Zugleich setzte er sich für eine Partnerschaft zwischen der Friedrich-Alexander-Universität und der Tumaini-Universität in Makumira/Tansania ein.

Sonstiges

Der Berliner Senat hat die Gründung eines Instituts für Islamische Theologie an der *Humboldt-Universität Berlin* zum Wintersemester 2018/19 beschlossen. Noch ist nicht klar, ob das Institut an der Philosophischen oder der Theologischen Fakultät angesiedelt sein wird. Der Leiter des Forschungsbereichs Religion und Politik an der Humboldt-Universität, Prof. Rolf Schieder, warb in der Beilage »Christ & Welt« (Ausgabe vom 2. März) der Wochenzeitung »Die Zeit« für eine »Fakultät der Theologien«, an der protestantische, katholische, islamische und jüdische Theologie unter einem Dach erforscht werden könne. Mit dem »Gespenst einer multireligiösen Fakultät« habe das Projekt nichts zu tun, so Schieder. Schließlich handele es sich um eigenständige Institute, die an ihre jeweiligen Bekenntnisse gebunden blieben. Der Vorteil sei jedoch, dass sie im ständigen Austausch stünden. Als Gründungsdekan für eine solche Einrichtung schlägt Schieder den jetzigen Dekan der Theologischen Fakultät, Prof. Christoph Markschies, vor. Markschies hat sich in der März-Ausgabe der theologischen Monatszeitschrift »Herder Korrespondenz« allerdings gegen eine »multireligiöse Mischfakultät« ausgesprochen. Sie entspreche nicht dem deutschen Religionsverfassungsrecht. Wenn sich der Islam, die katholische Kirche und das Judentum an der Humboldt-Universität engagieren würden, wäre das natürlich eine »Chance«. Man könnte auch über »institutionelle Formen der Zusammenarbeit« nachdenken, aber mehr nicht. Scharfe Kritik an Plänen einer multireligiösen Fakultät kam auch von dem Theologen und Religionsphilosophen Ingolf Dalferth, der den Plan in dem Vorurteil verankert sieht, eine bekenntnisgebundene Theologie sei überholt und eine multireligiöse Fakultät zeitgemäß.

Die Anwältin und Frauenrechtlerin *Seyran Ates* hat im Juni in Berlin-Moabit eine *liberale Moschee* eröffnet. Männer und Frauen können dort gemeinsam beten, auch Homosexuelle sind willkommen. Nikab und Burka hingegen sind in der Moschee verboten. Das erste Freitagsgebet wurde von einem Imam und einer Imamin ohne Kopftuch gemeinsam geleitet. Scharfe Kritik an dem Projekt kam von der türkischen Religionsbehörde Diyanet, die die Moschee als Projekt der Gülen-Bewegung verurteilt. Die ägyptische Fatwa-Behörde Dar al-Ifta verweigert die Anerkennung als Moschee, weil darin angeblich religiöse Grundlagen des Islam verletzt werden, und bezieht sich dabei auf die fehlende Trennung der Geschlechter beim Gebet.

Die Kölner Imamin *Rabeya* Müller, eine von vier Imaminnen in Deutschland, hofft auf mehr weibliche islamische Geistliche in Deutschland, engagiert sich im Zentrum für islamische Frauenforschung und Frauenförderung, entwickelt Selbstbehauptungstrainings für muslimische Mädchen und hat im Institut für interreligiöse Pädagogik und Didaktik Lehrpläne und Unterrichtsmaterialien für den islamischen Religionsunterricht entworfen. Die 2012 gegründete Muslimische Gemeinde Rheinland, der sie als Imamin vorsteht, ist die älteste Moscheegemeinde des Liberal-Islamischen Bundes. Drei weitere gibt es in Berlin, Frankfurt und Hamburg.

Im Rahmen der zwölften Vollversammlung in Namibia hat der Lutherische Weltbund in einer Erklärung zur *Aufarbeitung der deutschen Kolonialverbrechen in Namibia* aufgerufen. Der Lutherische Weltbund verpflichtet sich in dem Papier zur Begleitung und Unterstützung bei dem Versöhnungsprozess zwischen Namibia und Deutschland. In der Erklärung »zur Versöhnung im Zusammenhang mit dem Völkermord in Namibia« heißt es unter anderem, es gebe keine standardisierten, vorgefertigten Lösungen. Namibier und Deutsche müssten gemeinsam klären, »wie Geschichte weitergetragen werden wird, wie Gerechtigkeit gefunden wird und wie Versöhnung vorankommen kann«, betont der LWB in dem Papier. Ende April hatte die Evangelische Kirche in Deutschland (EKD) ein Schuldbekenntnis zum Völkermord veröffentlicht. Darin bat sie die Nachkommen der Opfer der Kolonialverbrechen im damaligen Deutsch-Südwestafrika vor mehr als 100 Jahren um Vergebung.

Eine gemeinsame Tagung des Ökumenischen Rates der Kirchen und des *Global Christian Forum* führte im Mai erstmalig führende Vertreterinnen und Vertreter des Ökumenischen Rates der Kirchen (ÖRK), der Pentecostal World Fellowship (PWF, ein weltweiter Zusammenschluss von Pfingstkirchen), der Weltweiten Evangelischen Allianz (WEA) und Vatikanvertreter aus dem Rat zur Förderung der Einheit der Christen zusammen. Dieses zweitägige historische Zusammentreffen diente der Koordination ihrer Unterstützung des Globalen Christlichen Forums (GCF). Die Tagung wurde gemeinsam vom ÖRK und dem GCF ausgerichtet. Die Tagung befasste sich mit der Frage: Wo befinden wir uns auf unserem Weg zu christlicher Einheit in der Weltkirche von heute, zwei Jahrzehnte, nachdem der ÖRK ein neues Forum für Begegnung und Austausch zwischen den Kirchen initiiert hat? Die Tagung diente in beratender Funktion auch der Vorbereitung der nächsten Tagung des internationalen Komitees des GCF in Taizé (Frankreich) vom 8. bis 13. Februar 2018 und der nächsten weltweiten GCF-Versammlung in Bogota (Kolumbien) vom 24. bis

27. April 2018. Die Hauptdiskussionspunkte waren die Rolle und Struktur des Globalen Christlichen Forums mit einer klaren Kernidentität als Forum, die Frage der Nachbereitung von Forumsveranstaltungen, die Methode für theologische Reflexionen, bessere Kommunikationsstrategien und die Einbeziehung von Megakirchen und Migrantenkirchen in die Arbeit des GCF.

Die *Arbeitsgemeinschaft Missionarischer Dienste,* die *Vereinte Evangelische Mission* und das EKD-Zentrum *Mission in der Region* haben im Februar eine Handreichung unter dem Titel *Zeigen, was ich liebe – Mit Muslimen über den Glauben sprechen* herausgegeben. Initiator des 24-seitigen Papiers ist der AMD-Generalsekretär, Oberkirchenrat Erhard Berneburg (Berlin/Hannover). Das Vorwort haben neben Berneburg die Leiterin der Abteilung Evangelisation bei der VEM, Claudia Währisch-Oblau, und der Leiter des EKD-Zentrums für Mission in der Region, Hans-Hermann Pompe, verfasst. Darin heißt es: »Viele Menschen aus anderen Kulturkreisen reden gern über ihren Glauben und ihre religiöse Praxis.« Sie freuten sich, wenn Christen von ihrem Glauben, ihrem Leben in der Gemeinde sowie von ihren Gebeten und Erfahrungen erzählten. Hintergrund der Handreichung ist die von der *Evangelischen Kirche im Rheinland* 2015 herausgegebene Broschüre mit dem Titel *Weggemeinschaft und Zeugnis im Dialog mit Muslimen.* Darin wird eine »strategische Islammission oder eine Begegnung mit Muslimen in Konversionsabsicht« mit der Begründung abgelehnt, sie bedrohe den innergesellschaftlichen Frieden und widerspreche dem Geist und Auftrag Jesu Christi.

Die israelische Regierung hat im März 2017 ein neues Gesetz erlassen, das die Einreise kritischer Ausländerinnen und Ausländer verbietet. Der Generalsekretär des Ökumenischen Rates der Kirchen, Olav Fykse Tveit, verurteilte dieses Gesetz als rückwärts gerichtete Aktion, die das Recht auf freie Meinungsäußerung verletze. Zwischen dem ÖRK und Israels Regierung herrschen schwere Spannungen, weil der Verband mit 350 Mitgliedkirchen die Besetzung der Palästinensergebiete als illegal verurteilt.

Ein Gericht in *Indonesien* hat den christlichen Gouverneur der Hauptstadt Jakarta wegen Blasphemie zu zwei Jahren Haft verurteilt. Basuki Tjahaja Purnama, genannt Ahok, habe sich der Verunglimpfung des Korans schuldig gemacht, erklärten die Richter. Der EU-Sonderbeauftragte für Religionsfreiheit, Jan Figel, und der UN-Sonderberichterstatter für Religionsfreiheit, Ahmed Shaheed, verurteilten diese Entscheidung. Shaheed forderte, in allen Ländern Blasphemiegesetze aufzuheben. Anlass für die Blasphemie-Vorwürfe ist eine Rede Ahoks während des Wahlkampfs für das Gouverneursamt im vergangenen September, in der er eine Sure des Korans erwähnte, die es Muslimen je nach Auslegung verbietet, Nicht-Muslime zu wählen. Die Wähler bräuchten sich

nicht unbehaglich zu fühlen, falls sie nicht für ihn stimmten aus Angst, in die Hölle zu kommen, da sie mit einer solchen Behauptung getäuscht würden, sagte der Gouverneur. Später entschuldigte er sich mehrfach für seine Äußerungen. Kritisiert wurde das Urteil des Gerichts auch von Human Rights Watch und der Gesellschaft für Bedrohte Völker.

Nach dreißig Jahren Arbeit ist *die Bibel* nun *in der kurdischen Sprache Sorani* erhältlich. Sorani wird von rund sechs Millionen Menschen gesprochen und gilt als am weitesten verbreitete Form des Kurdischen im Iran und dem Irak. Rund drei Jahrzehnte arbeiteten Experten der Bibel- und Missionsgesellschaft Biblica (Colorado Springs) sowie der Kirchlichen Missionsgesellschaft (Oxford) an der Übersetzung.

Termine

Vom 30.6. bis 2.7.2017 fand in Magdeburg die Tagung *Die Zeit der Reformation aus anderem Blickwinkel. Eine lateinamerikanisch-ökumenische Perspektive* statt. Die Leitung hatten Prof. Dr. Margit Eckholt, Universität Osnabrück und Prof. Dr. Johannes Meier, Universität Mainz.

Ein Seminar zum Thema *Gastfreundschaft* findet vom 21. bis 24.8.2017 unter Leitung von Dr. Heinrich Geiger in St. Ottilien statt. ReferentInnen sind Prof. Dr. Margit Eckholt, Katholische Theologie, Universität Osnabrück und Abtpräses Jeremias Schröder OSB, St. Ottilien.

Die *Berliner Gesellschaft für Missionsgeschichte* lädt vom 12. bis 14. Oktober 2017 zu einer Tagung unter dem Thema *Mission und dekoloniale Perspektive. Der Erste Weltkrieg als Auslöser eines globalen Prozesses* an die Humboldt-Universität ein.

Die nächste Weltmissionskonferenz findet vom 8. bis 13. März 2018 in Arusha/Tansania statt. Zeitgleich damit wird das Global Ecumenical Theological Institute in Arusha stattfinden. GETI 2018 ist auf ca. 120 fortgeschrittene Studierende der Theologie und ähnlicher Studienfächer ausgelegt, die ein Interesse an aktuellen ökumenischen Debatten zum Verständnis und zur Praxis der Mission in unterschiedlichen Weltregionen mitbringen. Eine Anmeldung ist ab sofort über den Internetauftritt des ÖRK möglich: https://www.oikoumene.org/en/press-centre/events/1GETI2018_ApplicationForm_final.pdf/view

(Zusammengestellt am Lehrstuhl für Interkulturelle Theologie, Missions- und Religionswissenschaft der Augustana-Hochschule von PD Dr. Verena Grüter, Waldstraße 11, D-91564 Neuendettelsau. Bitte senden Sie Informationen und Hinweise an verena.grueter@augustana.de)

Pfr. Dr. Markus Roser, Hauptstraße 32, D-74740 Adelsheim-Sennfeld, roser.markus@gmx.net

Direktor PD Dr. Klaus Schäfer, ZMÖ, Agathe-Lasch-Weg 16, D-22605 Hamburg, k.schaefer@nordkirche-weltweit.de

Prof. Dr. Benjamin Simon, Ecumenical Institute Bossey, Chemin Chenevière 2, CH-1298 Bogis-Bossey, Schweiz, benjamin.simon@wcc-coe.org

Prof. Dr. Tobias Specker SJ, Philosophisch-Theologische Hochschule St. Georgen, Offenbacher Landstraße 224, 60599 Frankfurt, specker@sankt-georgen.de

Dr. Simon Wiesgickl, Siegfriedstraße 57, 90461 Nürnberg, simon.wiesgickl@posteo.de

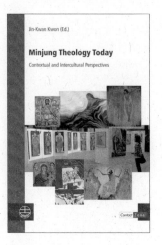

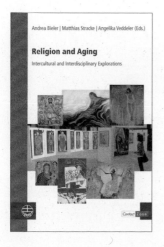

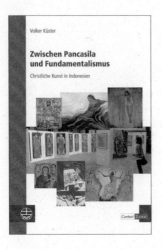